ORIGINAL POINT PSYCHOLOGY | 沅心理

掌控学业

人人必备的高效学习实操指南

The Psychology of Effective Studying
How to Succeed in
Your Degree

[英] 保罗·佩恩（Paul Penn）———— 著
秦清妍 席曼 ———— 译

Title: The Psychology of Effective Studying
by Paul Penn
copyright © 2020 Paul Penn
All rights reserved. Authorized translation from the English language edition published by Routledge, a member of the Taylor & Francis Group
Simplified Chinese edition copyright © 2023 by Beijing Jie Teng Culture Media Co., Ltd.
ALL RIGHTS RESERVED
Copies of this book sold without a Taylor & Francis sticker on the cover are unauthorized and illegal.
本书贴有 Taylor & Francis 公司防伪标签，无标签者不得销售。

北京市版权局著作权合同登记号 图字：01-2023-2182号

图书在版编目（CIP）数据

掌控学业 /（英）保罗·佩恩著；秦清妍，席曼译
. -- 北京：华龄出版社，2023.6
 ISBN 978-7-5169-2561-4

Ⅰ．①掌… Ⅱ．①保… ②秦… ③席… Ⅲ．①大学生—学习方法 Ⅳ．① G642.46

中国国家版本馆 CIP 数据核字 (2023) 第129528号

策划编辑	颉腾文化			
责任编辑	徐春涛		责任印制	李未圻

书　　名	掌控学业			
作　　者	［英］保罗·佩恩（Paul Penn）		译　者	秦清妍　席曼
出　　版	华龄出版社 HUALING PRESS			
发　　行				
社　　址	北京市东城区安定门外大街甲57号		邮　编	100011
发　　行	（010）58122255		传　真	（010）84049572
承　　印	涿州市京南印刷厂			
版　　次	2023年10月第1版		印　次	2023年10月第1次印刷
规　　格	650mm×910mm		开　本	1/16
印　　张	14		字　数	186千字
书　　号	978-7-5169-2561-4			
定　　价	79.00元			

版权所有　翻印必究

本书如有破损、缺页、装订错误，请与本社联系调换

谨以此书

献给我永远的妻子埃利安娜

Preface | 译者序

如果有学弟学妹向我请教大学的学业生活应该如何度过，我会向他/她推荐这本书。在读这本书的过程中，我常常有种错觉：作者是不是偷窥了我的大学学业生活？这不就是我遇到过的问题吗？我惊讶地发现，作者对当代大学生遇到的学业困难有如此全面的了解，而且好像全世界大学生的学业困惑大相径庭：学业拖延、学习方法低效、写论文如挤牙膏、学术小组协作困难，等等。在读本书时，我时常感慨："如果我在读大学的时候读到这本书，该多好！"我一定能够快速掌握科学的学习方法，了解学术研究的过程，掌控学业，降低心理焦虑。

本书的内容全面，涵盖了本科生、研究生读书过程中与学习有关的方方面面。想要提升学习成效，首先要对自身的优势和不足有明确的认知，作者先从正确认识自己和战胜拖延这两个影响大学生学习效率的角度出发，指导大学生使用正确的方式突破自身局限，进行有效的时间管理，为成功学习打好基础。在指导大学生建立好学习的底层能力的基础上，作者提出了很多日常学习和学术研究的方法和技巧，如记笔记的方法（你可能从没想过，上学十几年，到头来依旧不会做笔记，甚至不会画重点）、自我检测的途径、查找文献路径、论文写作的原则、做演讲的技巧等，从入学形成正确的学习方法到完成毕业论文的学业全过程均为大学生提供了重要建议。

本书为广大学子提供了具有科学性的建议，作者以心理学为视角，以大量经典的心理学实验结果为依据，提出了很多具有科学性、普遍性的重要建议。我在读书的过程中常常惊叹：原来困扰了我这么久的问题，竟能够通过心理学轻松解决。例如，第 2 章 "战胜拖延" 利用时间动机理论（temporal motivation theory）阐释个体拖延的原因及其解决办法。该理论认为，个体会根据做某事的收益来决定是否去做，对收益的判断来自实现预期结果的期望（E）、产出结果的附加价值（V）、结果产出在时间上的延迟（D）、个体做某事的冲动程度（I），四个因素对个体行为动机的影响可以用动机（效用）$= \dfrac{E \times V}{I \times D}$ 这个等式体现。作者提出，如果你想减少拖延，只需要调整等式中的一个值，就会对结果产生很大的影响。在你深陷 "拖延症" 的泥潭无法自拔，deadline 近在眼前却不知从哪下手时，作者通过心理学的一个理论、一个等式告诉你应该如何调整你的行动，高效地解决 "拖延症" 的问题。读者朋友们也不用担心这样高深的心理学理论会影响自己对内容的理解，作者已考虑到了这一点。因此，作者以易于理解的语言进行理论讲解，并附加大量案例进行补充说明，以保证读者阅读顺畅。

本书最大特点是 "拿来就用"，是一本实用的工具书，当你在攻读学位的过程中遇到困难时，你总能在这里找到答案。例如，作者在第 3 章中展示了做笔记的几种高效方法，在第 5 章中作者告诉读者演讲准备的流程以及演示文稿制作的注意事项，在第 7 章中说明了在一个学术团队里建立有效的团队合作流程的步骤。作者为大学生们提供了很多重要的学习方法，我建议读者在使用此书的同时，进行实操演练。除此之外，它还能够产生贯穿终生的积极影响，作者在书中提到的重要建议并非只解决读者的学业问题，还能改变读者的认知和思维逻辑，让读者看到问题解决背后的心理学原理，让读者知道遇到问题不要焦虑，要尝试找到问题的根源和解决的办法。

Preface｜前　言

> 努力去得到你所爱的，否则你只能被迫去爱你所得到的。
>
> ——萧伯纳（George Bernard Shaw）

很高兴在我的第一本书中引用了萧伯纳的一句话。我刚刚发现，我永远无法像一个剧作家那样简洁有力地讲述一段经历，因为想做一件事和知道怎样才能有效地做成一件事是两回事。下面我们来找出以下几个句子的共同点："我学的是心理学""我学的是工程学""我学的是物理学""我学的是英国文学"。显而易见的是，这几个句子的共同点就是动词"学"，它一直出现在学科之前。因此，在学习特定的学科知识之前，我们应该先掌握有效的学习方法。无论学生修的是什么学位的课程，有效的学习方法都能帮他们获得成功。遗憾的是，调查研究和痛苦的学习经历都表明，情况远非如此。

我想告诉你我上大三时的一次经历，这次经历促使我开设了将心理学应用于培养学习方法的课程，也正是这次经历催生了我写下这本书的想法。这个故事很好地说明了，即便是心理学专业的学生，也倾向于使用虽然有效却耗时且痛苦的学习方法。那是一个星期五的早晨（这个时间向来不受欢迎），当时我正在讲课，我觉得学生肯定会喜欢这堂课。结果，有的学生专注地逛着亚马逊买买买，有的学生打着游戏《糖果传奇》，对努力讲课的我视而不见；而那些没有这类手机软件的学生则是带着礼貌的微笑。大概讲了30分钟后，一位学生举手问我能不能讲慢一点，她"跟不上"我。坦白说，如果是我非常感兴趣的内容，我会用布斯塔·莱姆斯（Busta Rhymes）说唱的速度讲课，这一点大家都知道。开个玩笑。这个学生的请求多少阻止了我继续饶舌。我经过一点调查就证实了我的怀疑，提问的学生想要尽可能逐字逐句地记下我说的话。这种做法很多余，因为课堂有录音和录像。但我不愿意说破这一点，以免让人觉得我太过傲慢。我还担心自己可能已经沉迷于镜头前，挥动着激光笔完成了下一部《星球大战》的即兴试镜。

这位学生的要求引起了其他人的注意，他们可能发现自己不是唯一一个逐字逐句记笔记的人。所以，我问了全班同学一个简单的问题："你们有多少人的笔记是把我说的话基本都摘录下来的？"大多数人都举了手。接着我又问："有没有同学能够解释记忆力是如何发挥作用的？"这部分内容是学过的，提到了这种逐字记笔记的方式。我让能做出解释的同学继续举着手，结果所有人一下子把手都放下了。逛着亚马逊的同学停下了手，有一些玩着《糖果传奇》的同学可能也暂停了游戏。我告诉所有学生，心理学界的未来之星正在逐字记录一堂课的内容，这种做法有点类似化学界的储备军点火柴去寻找漏气点——真的不该这么做！

这就是上面这个故事的寓意。如果连研究心理学的学生都容易出现不好的学习行为，那么那些不需要把注意力、记忆力和决策力这些课题当作学位课程的一部分的学生就更容易受到不良影响。值得庆幸的是，有一个很简单的解决办法。掌握一点公认心理学研究的应用知识就能够让你更加有效地学习。通过这种方法，你就可以主动把握自己的学位成绩，而不是被动受苦。这就是我写这本书的主要目的。我想鼓励你采用心理学研究提供的有效方法，学会更加有效地学习。写这本书的另一个目的是让我能够参考更多互联网文化领域的文献——那个对互联网极度痴迷的年代（20世纪80年代）。

坦白讲，为了更加有效地学习，你之前投入了多少精力？如果你不愿意了解有效学习的方法，也没关系。说实话，在上大一的时候，我的学习方法也有一些问题，希望通过这本书，能帮助你避免这些错误。如果你在那个时候问我为什么不愿意培养高效的学习方法，我会给出以下几个理由：我的成绩是 A，已经能拿到学位了；我学的是心理学（不是教育学）；而且，老实说，我不想别人花费宝贵的上课或辅导时间来告诉我怎样做一些我从 5 岁起就一直在学校里做的事。我已经做得够多了！就像我们接下来会在第 1 章中看到的，我不愿意培养学习方法在很大程度上是因为我对自己能力的认知存在一些错误理解。做心理学研究也并没有让我避免这些错误——要么不愿意学，要么干脆翘掉相关的课。但是，我不愿意培养学习方法还有另一个原因，你能猜到是什么吗？

　　进入大学的时候，我得到了一份学习方法指南，它确实改变了我的生活。我的意思是，我用它来给家里的电脑显示器当垫板。我确信，这本指南的作者本意绝非如此。可能我只是不知道该如何对待这本书，很难说这是因为我对这本书的看法，还是我对培养学习方法这件事的态度。我希望我写的这本书，除了给你的电脑显示器当垫板外，还能发挥一点别的作用。所以，在我开始写这本书之前，我又看了一下当年那本学习方法指南，也研究了一些同时代的书。我发现，没有一本书能让我觉得"如果我在学生时代看到这本书，我可能会花一些时间去做我现在所推崇的事"。于是我开始思考，我能做些什么来让我写的这本书成为我自己也会用的书呢？接下来我会告诉你，为了让这本书成为你一定会用到的学习资源，我都做了哪些不同的事。在写这本书时，我不会批评其他有关学习方法的文章。相反，我会告诉你一些积极的方面——为了写这本书，我努力做了什么事。这样做有两个好处：第一，这本书不会让你感到太过厌烦；第二，我也不必再去上巴西柔术课，免得碰到写过学习方法文章的作者，我怕打不过他们。

　　这本书最重要的任务就是确保全书所提供的所有建议都是源自心理

学领域的研究，信息公开透明。我不会用自己当学生和老师的个人经验来善意说教，也不会用这些经验为大家提供指导。如果你用到这本书，请相信书中提供的指导能对你有所帮助。我会利用一些主要的心理学研究来阐明有效的学习实践，但这并不是一本心理学教科书。严格来说，我不会在每一章都写满对特定课题的文献综述。我所做的研究数量有限，即使要用，也会经过筛选，并搭配示例进行说明。对于想要深入了解相关知识的读者，我也会给出更全面的参考文献。这样能让我免受同行的炮轰，诸如"呵，你都没有涵盖某某某这些研究"这样的评论。事实也的确如此，我总得为这本书的第二版留点东西可写吧，每个作者都会这么做的。

关于主题范围，这本书并不能详尽地涵盖所有的学习方法。书中没有关于如何适应大学生活的章节（温馨提示：去学生酒吧体验快乐是第一位的）。相反，我会把内容提炼成几个最基本的主题，控制每个主题下的建议数量，以便读者采用。从目录中可以看出，本书的 8 个章节涵盖了攻读学位的核心必备方法。每章结尾都有一个总结，重申了核心建议，让你的学习更有效率、更有效果、更加轻松。读完这本书后，你可以把每一章的总结当作快速参考。没错，这也就是说，如果你只是想看看简单的建议和方法，可以直接跳到"本章小结"。你不必担心这本和《战争与和平》（*War and Peace*）篇幅相当的学习方法指南会加重你本就沉重的课程阅读量。而它内容简短的缺点就是，这本书没办法当作一个很好的电脑显示器垫板。

最后，我承认一些关于学习方法建议的学术文章读起来没什么意思。一本有关学习方法的书可能没有小说那么吸引人，不过，至少要比宜家衣柜的组装手册有趣得多。所以，你不会在这本书里找到大量的要点提炼、情况说明、图表或清单（inventory）。相反，我把每一章都分成了几个小节，小节数量合理，而且有各自的特定内容。我会故意用一些深奥难懂的标题、问题，引用各类作品和大众文化的内容，甚至是一些不够文雅的表达，让这本书的内容更加有趣、更具挑战。即便没能达到这种效果，这本书也不会像宜家衣柜的组装手册一样，和沙发后面的一包容易丢失的小配件放在一起。

在你读这本书的时候，我有一个请求。你会发现，每一章的每个小节都会用一条核心建议描述，我希望你能够带着这个简单的问题——这条核心建议在后文中会如何体现——阅读下面的小节。在开始阅读下一条核心建议及其相关小节的内容之前，我希望你能找到这个问题的答案。我的请求就这么简单。答案并无对错，重要的是想出一个对你有意义的答案，而且你可以把它解释清楚。如果你能动笔写下你的答案，那就更好了！越往后读，你就越能明白我这样要求的理由。总之，相信我，这值得一试！

希望你能喜欢这本书。最重要的是，希望这本书能让你享受学习的过程。祝你一切顺利！

扫码关注公众号
发送关键词"掌控
学业"获取下载资料

为方便读者拓展阅读和深入研究，本书配有详尽的参考文献，有需要的读者可自行扫码免费获取相关资源。

Contents | 目　录

第一部分　基础篇

第 1 章　元认知：高效学习的基础 ……………… 003
　1.1 "我都知道"是一种假象 / 006
　1.2 突破认知局限 / 011
　【本章小结】摆脱元认知错误的控制 / 014

第 2 章　战胜拖延：让计划顺利实施 ……………… 017
　2.1 拖延是时间管理的大敌 / 019
　2.2 时间动机理论 / 023
　2.3 拖延调控指南 / 025
　【本章小结】重点是付诸行动 / 044

第 3 章　阅读与笔记：不是目的而是手段 ……………… 049
　3.1 记忆无法永久定格 / 051
　3.2 流行的学习法为何无效 / 053
　3.3 提问是深入记忆的催化剂 / 056
　3.4 记笔记是达到目的的手段 / 058

3.5 马克笔没有魔力，思考才是关键 / 062

3.6 善用自我检测提高元认知能力 / 064

3.7 3R 学习法：阅读，背诵，复习 / 068

【本章小结】不要重数量，而是重质量 / 070

第4章　温故知新：有效的复习是锦上添花　……　073

4.1 旧事如新：死记硬背的恶果 / 075

4.2 利用环境：相对中的相对 / 080

4.3 通过改造磨难来战胜磨难 / 086

【本章小结】选择有效的方法，而不是简单的方法 / 088

第二部分　进阶篇

第5章　高效演讲：促进学习的催化剂　……　093

5.1 给听众一个好的理由听你讲话 / 096

5.2 如何让幻灯片为你的演讲加分 / 106

5.3 幻灯片的七宗罪 / 111

【本章小结】尽可能多地促进听众参与的积极性 / 120

第6章　论文写作：掌控学业的关键　……　123

6.1 知己知彼：掌握评分标准 / 125

6.2 如何搜索高质量资源 / 128

6.3 提前规划，未雨绸缪 / 137

6.4 表述清晰比其他一切都重要 / 142

6.5 你会对明显的错误视而不见吗 / 148

6.6 如何从他人的反馈中获益 / 152

【本章小结】充分利用一切优质资源 / 155

第7章　合作：影响沟通与批判性思维的重要因素 … 159

7.1 你期待团队合作吗 / 161

7.2 确保重要信息在团队中有效传达 / 167

7.3 群体思维理论 / 172

7.4 人际冲突不可避免 / 175

7.5 协调团队就像"盲人领导盲人" / 180

【本章小结】在团队中消除"自我" / 182

第8章　诚信：学问的内在价值 ………………………… 185

8.1 基础：正确引用 / 190

8.2 进阶：辨别剽窃 / 194

8.3 实践：避免非有意的剽窃 / 198

【本章小结】创造自己的学术成就 / 206

第一部分

基础篇

第1章

元认知
高效学习的基础

完美避开元认知的雷区！

没有什么比不自欺欺人更难的了。
　　　　　　——路德维希·维特根斯坦（Ludwig Wittgenstein）

核心建议 01：
越没本事的人，越不清楚自己的实力

你知道那种表情吧？就是《英国达人秀》主持人安特（Ant）和达克（Dec）在一些具有娱乐效果但无法登大雅之堂的尴尬表演发生前，在镜头前流露出的那种表情。下面我们来还原其中一个场景。安特在介绍一位表演者时，幸灾乐祸地说："这是来自唐卡斯特的多琳。"紧接着达克坏笑着补充道："她将要为我们带来电影《泰坦尼克号》的主题曲《我心永恒》。"当多琳步履蹒跚地走上舞台时，电视机前的观众有着同样的想法："肯定要唱砸了！放弃吧！"如所有人所料，多琳的演唱是场灾难：电视机前的狗发出嚎叫声；有人赶紧摘下了自己的助听器；有人发现用手堵着耳朵并不管用。多琳的演唱终于结束了，大家都安静下来等待评委的点评。评委幽默地说："我接下来的评论可能会伤人，但是杀伤力依旧会比这场表演的杀伤力轻一些。感谢多琳给我们带来了一场笑剧，大家都看出来了，多琳想要在电视上搞怪 5 分钟，这场表演让她达成了此行的目的。"大家都听得出来，评委只是在用一种诙谐的方式点评多琳的表演，因为没人会恶毒到故意说这些话。但是从多琳那愤怒和受伤的表情上能够看出，她没有想过会得到这样的评价。坐在台下的人们面面相觑，心想："她从没意识到自己唱歌跑调！她怎么可能不知道呢？"类似的时刻经常发生在考场上，而一旦在学术领域中发生，那将会是一场更加私密、更加具有戏剧性的危机。这个感悟来自我于 1992 年参加 GCSE 地理考试的经历，我在考场上什么也写不出来，只能在考桌上刻一幅涂鸦，正是这幅涂鸦让我得出了这残酷而又现实的结论。我的涂鸦上面写着："哦，该死！1992 年于大学留。"如果我的经历让你会心一笑，并联想起自己的相似经历，那么说明，你也曾有过挫败感。因为，至少有一次，你是学术领域的"多琳"。但问题是：人为什么会这样？

你可能听过这句老话：康复的第一步，是承认自己生病了。同样，提高学习技能的第一步，是承认自己还有提高的空间。这意味着，你必须能够有效监控并评估你目前的学习水平，在心理学中，我们称之为元认知（metacognition）能力。元认知对一个人的学习很重要，如果你的元认知失调，那么你的学业发展从一开始就受到了根本性的阻碍。不过话说回来，如果你认为自己已经掌握了一项技能，怎么还会在它上面花时间呢？克鲁格（Kruger）和邓宁（Dunning）（1999）为我们理解元认知能力提供了开创性的文献。他们在第一个实验中准备了一些笑话，这些笑话的幽默程度已由一组专业喜剧演员预先评定。实验的参与者需要在不知道这些笑话幽默等级的情况下，根据自己的体会，对这些笑话进行幽默程度的排序。接下来，实验者以专业喜剧演员给出的排序为标准，给参与者的排序进行打分。之后，参与者需要用百分数来预估自己在同龄人中判断幽默等级的能力。例如，评分"50%"意味着他们认为自己的表现处于小组的中间位置。最后，实验者将参与者的笑话幽默等级排序得分与自我评估的判断幽默等级能力进行对比。结果表明，参与者普遍高估了他们在同龄人中的能力。然而，这并不是最重要的发现，当研究者对排序得分最低的人（即组中排名倒数25%的人）的数据进行分析时，发现这些人的自我评估能力和实际能力差距最大。换句话说，他们越无能，就越无法正确认知自己的能力。通过这个实验来给自己一个预警吧！另外，如果一个心理学家要在喜剧俱乐部的开放麦之夜享受自己的研究，别离开，来了解了解心理学！

你可能会质疑，一项关于测量幽默程度的自我认知能力和实际能力之间关系的研究结果，是否适用于学术领域。答案是肯定的，因为克鲁格和邓宁在"逻辑和语法能力测试"中发现了相同的结果。在4次实验报告中，他们都得出了相似的结论，那些客观表现在小组中排名后25%的参与者，普遍主观认为自己的能力在小组排前1/3。这不是一个积极的信号。也许你会想，

"这个实验结果仅仅是个例",然而事实并非如此。众所周知的邓宁-克鲁格效应(Dunning-Kruger effect)在过去20年里被反复证实,它扰乱了元认知领域的和平。另外,元认知不仅会影响一个人在群体中的自我评估,研究人员还发现,当个体评估个人成就时,如个体预测自己的考试分数时,也会出现该效应——能力最差的个体,预估分数和实际分数之间的差异最大。

了解完邓宁-克鲁格效应后,大家就能明白,为什么任何旨在帮助你提高学习技能的书籍都需要从该效应开始谈起。因为在提高学习能力的道路上,它是你会面临的最基本的元认知障碍,想要解决这个问题,你需要通过大量的努力,并且接受他人的指导。在读过以上内容后,如果你有兴趣继续阅读,那就太棒了。如果你仍然认为你不需要任何帮助,那就准备好面对一些不适吧。

1.1 "我都知道"是一种假象

核心建议02:
拥有可用的信息,会让你对自己吸收多少信息产生错觉

你能读到这里,意味着你愿意接受我的建议,未来也许能从中受益。但是,邓宁-克鲁格效应并不是元认知有偏差的唯一证明,下面请看与邓宁-克鲁格效应密切相关的另一个现象。请问,你认为人们正确判断自己的记忆力水平的能力有多强?研究者洛里亚特和比约克(Koriat & Bjork, 2005)只对这个问题感兴趣,他们还想确定人们是否能够发现信息呈现方式的特征,从而决定他们能够回忆起这些信息的可能性。例如,我先向你们展示以下单词对:"fire"和"blaze",过一段时间后,我向你们展示其中一个单词,并要求你们回忆与之配对的单词,你有多大信心能回忆起这个词？哪个词作为提示词、哪个词作为需要回答出来的目标词会使你的答案不同吗？这与洛里亚特和比约克的实验设置一致。在他们实验中，他们要求参与者记忆几个成对出现的单词，然后给参与者出示其中一个单词，让他们评估自己能回忆起另一个单词的概率，这个过程是学习判断（judgement of learning）。用我在上文给大家展示"fire"和"blaze"这对词做例子，两个词都有"火"的意思，假设你按照顺序看完了这两个词，然后听到了"fire"，这时你能想到多少个与之相关的词？我想到了很多，如"man""fighter""exit""axe""escape""engine""extinguisher""storm""fly"等。但是在多少个词后你才能想到"blaze"呢？好像需要很多。这个现象被研究者称为"反向匹配"，即目标词"blaze"难以由提示词"fire"引出。相反，如果给你"blaze"为提示词，你又能想到几个跟它有关的词？我想，这个数量并不多，"fire"这个词很有可能是你第一个想到的词。这就是"正向匹配"，即目标词"fire"很可能被提示词"blaze"引出。正向匹配相较于反向匹配要容易得多。读到这儿，你认为这个实验的参与者是否意识到了这一点，并且给出了相应的学习判断呢？如果是你，是否也会如此呢？总的来说，参与者在正向匹配和反向匹配中的学习判断相同，而且，他们正向匹配的能力较强。

在洛里亚特和比约克的研究中，参与者之所以没有察觉到这个明显的学习错觉，是因为真实的学习条件和虚拟的实验条件之间有差异，尽管看上去正向匹配和反向匹配都能帮助人们记忆，但在测试中只会出现一种情况。因此，在参与者进行学习判断时，他们不会思考由提示词想到目标词的难易程度。类似的错误学习判断还容易发生在阅读过程中，当你预估自己记住了多少内容的时候，记忆一些有问题、有答案的信息还算容易，但是记忆那些只有问题、没有答案的信息就没那么容易了。就像词汇的正向匹配和反向匹配一样，答案生成问题比问题生成答案更容易。在你要为考试去记忆知识时，可要记住这一点！

核心建议 03：
记得住不代表能理解

所以说，人们并不一定能正确判断自己的记忆能力。你可能会说，研究这个是否过于学究了，而且相较于记忆能力而言，更重要的是人们判断自己理解能力的准确性。好，接下来让我们按照这种思路思考，但首先，我们需要思考如何建立一个简单的实验来测试人的理解能力：一种方法是通过人为操纵信息，使其变得不合理，来观察人们是否理解信息的意义。我们可以利用"矛盾"来进行测试，如果人们想要发现矛盾，就需要充分理解信息，找到不能共存的信息。例如，一篇文章中说到某人在这个日期出生，但在接下来的句子中又给出了一个不同的出生日期，如果你理解了这段文字，就会发现矛盾，因为你知道一个人不可能有两个生日。因此，发现矛盾是判断人是否理解信息的有效指标。格兰博格（Glenberg）、威尔金森（Wilkinson）和爱泼斯坦（Epstein）在 1982 年进行了一项实验，他们利用文本中的矛盾之处来测试人判断自己理解力的能力。他们要求参与者按照自己的节奏阅读一篇文章，喜欢读多少遍就读多少遍，并告知他们需要在阅读时寻找文章中出现的矛盾之处、记录下矛盾信息在文中的位置并简要说明矛盾的原因，之后将进行关于文章的测试。阅读结束后，参与者需要给自己对文章的理解情况进行打分（4 分评分制），并就文章的内容提出两个真/假（true/false）的问题。之后，研究者对其他不同主题的段落重复这一程序，每一篇文章的长度为一段文字或三段文字。与之前实验不同的是，这一次参与者不知道每一段文字中都有矛盾的信息，不过每篇文章的矛盾信息都被设置在最后两个句子中。如果参与者声称自己理解了文章，并且正确地识别出了其中的矛盾，则说明他能够准确判断自己的理解能力。然而，如果他们声称自己理解了文本，但没有发现其中的矛盾之处，则说明他们产生了心理学家所说的一种认知错觉（illusion of knowing）。换句话说，他们认为自己已经理解了材料，但实际上，他们并没有理解。注意，参与者都是心理学专业的大学生，研究者提前告知他们要注意相互矛盾的信息，之后将进行测试，他们阅读的文章的矛盾之处总是在同一个地方，他们还能想读多久就读多久。除了告知学生文本有问题以外，研究者几乎没有通过其他行动来提高学生的胜算。了解完所有的背景后，现在你认为该研究中有多少参与者认为自己理解了文本，实际上却没有发现其中的矛盾？如果我告诉你，这个数字高达51%，你相信吗？

一个人对自己的理解能力过分自信没有任何好处。那些曾认为自己的课程作业能获得诺贝尔奖，最终却只得到学术上的金酸莓奖的人，都可以证明这一点。不过要注意的是，如果你对自己能力的幻想阻碍了你从教人取得好成绩的那些学习材料中获益，那这种幻想有害无益。我可以肯定地说，当你一口气读完只有30页的书后，就认为自己的理解能力登峰造极，这是一种认知偏差。

核心建议04：
知道和做到，是两码事

现在我们来聊聊最后一个阻碍你从本书中获益的障碍，我将通过电视节目《谁想成为百万富翁》（Who Wants to Be a Millionaire）来解释该问题。假设你正在与一群人观看《谁想成为百万富翁》的一期节目，电视中的参赛者如果能够正确回答接下来的一道题，就可以拿到64 000英镑的奖金，而这恰巧是一个他确定知道答案的问题，那么他拿到问题的第一反应可能是嗤之以鼻，并心想："这个问题也太简单了。"但是，无论参赛者给出的答案是什么，主持人总会通过表情让他怀疑自己答案的正确性。为了得到奖金，参赛者选择了"问现场观众"这个锦囊（每个参赛者每一场可获得3个锦囊，分别是"去掉一半的错误答案""问现场观众"和"求助场外好友"），但观众也没有给出确定的答案，这让参赛者开始疑惑。为了验证自己的答案是否正确，他可能会再使用1个锦囊，打电话给一位朋友寻求帮助，结果这位朋友也被这个问题难住了。此时，你可能会觉得不可思议，心想他们怎么连这个问题都答不上来，并且对着电视大声喊着答案（就好像电视里的人能听到一样！）。如果你身边还有其他人一起看电视，那么你会听到一些家伙自作聪明地说："只有当你知道答案时，这个问题才容易。"你对此深以为然，但还是对这位倒霉的选手的表现感到难以置信：真的有人回答不出来这个问题吗？我来告诉你：真的有人回答不上来，而且这个人很有可能就是你自己！虽然你觉得自己知道答案，但是，你只是展示了另一个众所周知的元认知错误：后视偏差（hindsight bias，在中国俗称"事后诸葛亮"）。我们倾向于把自己知道的事情视为众所周知的事情，因为我们不能或不愿，从自己认知之外的角度看问题。菲斯霍夫（Fischhoff）和贝斯（Beyth）在1975年做了一个很经典的实验，而且证明了这一点。他们研究了人在事件发生前对事情的判断（预测性判断）和事件发生后对事情的判断（后验判断）之间的差异。他们的一个实验围绕着尼克松总统访华事件展开。研究者假设了某些可能的结果，如"美国将在北京建立永久的外交使团，但不给予外交承认"，然后要求参与者评估这些结果发生的概率。接下来，在尼克松访问后的几周，研究者要求参与者回忆自己对每一个结果的预测，并说明自己所知道的真实结果。参与者在事后知道的结果不应该影响到他们对结果的预测性判断的回忆，因为在作出预测性判断时，参与者并不清楚结果是什么。因此，无论预测性判断（predictive judgement）是否准确，都没有必要调整它。然而，实验发现，对于既定事实结果，参与者在事后判断（postdictive judgement）其发生的概率要高于事先判断其发生的概率；相反，对于未发生的事件，人们在事后判断其发生的概率比事先判断其发生的概率要低。这说明，参与者在系统地调整对自己预测性判断的回忆,以制造出他们"一直都知道"的假象。

在学习上,"后见之明"也会成为一个棘手的问题。举个例子,假设你已经读到这本书的最后几页了,你是否会认为正在读的所有信息都已不是新知识了?但是,如果我要求你解释一下目前为止你所学到的每一个元认知问题,并且说明解决办法,你还会这样认为吗?问题就在这里:如果我们认为知识在回忆时比学习时更容易,我们会在表层就停止了学习,还会导致过度自信,阻碍我们进一步的学习。说实话,你曾经是否因为认为自己都学会了而逃课或不认真听讲?是否认为课堂上和课本里没有你不知道的知识?不过,看到这里的你很幸运,因为你开始了解邓宁-克鲁格效应了,"认为自己什么都知道"的错觉和后视偏差并不是完全不同的概念,而是相互关联的元认知障碍,从一开始就会阻碍你学习技能的发展。现在,在了解到了这些元认知障碍后,你能做些什么来解决这些问题呢?

1.2 突破认知局限

核心建议 05:
许多人不知道自己使用了无效的学习策略,
这使得他们更容易产生元认知错误

为了更好地理解我们可以做些什么来最大限度地降低陷入前面提到的元认知错误的风险,让我们快速回顾一下邓宁-克鲁格效应,并思考它的成因。想想无能会带来的后果(我知道这并不是一件令人愉快的事情),第一个后果很明显:当你进行能力检测时,不会表现得很好;第二个后果比较隐蔽：你无法意识到自己的表现不如人意，因为你不知道什么是好的表现，也不知道如何实现。然而就你而言，你认为自己的表现水平已经很不错了！这是一个非常残酷的恶性循环：你完成某事所需的知识和技能与你评估自己所需的知识与技能不一样。那么，你要怎么打破这个循环呢？为了回答这个问题，让我们暂时把焦点放在你身上。请找出一张小纸片，并在上面快速记下你在学习中使用的策略，按照使用频率由高到低的顺序排列它们。现在，告诉我，重复学习（或重复阅读）是否是你最常用的学习策略之一？如果答案是肯定的，那么你跟大部分人一样。在卡皮克（Karpicke）、巴特勒（Butler）和罗伊迪杰三世（Roediger III）于2009年做的研究中，他们让一组大学生做上述事情。他们发现，83%的学生使用了重复学习法，其中54%的学生将其确定为首要学习方法。现在，再看看你的学习方法常用清单，如果你把检测（practice testing）列在清单上，且使用它的频率低于重复学习，那么这一次，你也跟大部分人的学习习惯一样。卡皮克和他的同事们发现，只有10%的学生使用了检测的方法（也被称为检索练习），只有1%的学生将其列为首选学习策略。即使实验要求学生在重复学习、做自我检测和其他学习方法之中选出自己最常使用的学习策略，也只有18%的人会选择自我检测这个方法。看到这里，也许你会问："学生更喜欢将重复学习而不是检测作为一种学习策略，那又怎样呢？"请继续跟着我的思路走。你认为在这两种策略中，哪一种能帮助我们更加有效地对抗元认知错误呢？你已经了解了邓宁－克鲁格效应的研究，你认为认知错觉和后视偏差有哪些共同点呢？它们都涉及某种形式的检测，你认为自己擅长某件事，但如果检测的结果（即证据）表明你并不擅长，那么可以说，这是提示你出现元认知错误的警钟。

核心建议06：
认为一个人的智力固定不变的想法，会使人使用无效的学习策略

宣扬自我检测在学习过程中的重要价值并不是什么新鲜事。自20世纪早期以来就有文献表明，练习测试比相同时长的重复学习更有助于学生对学习材料进行记忆，这个现象被称为测试效应（testing effect）。看吧，这不是我说的，好吗？这真的是研究的结果。在过去的10年里，人们又开始对测试效应提起了兴趣，并且开始使用该效应来提高学习效率。不过，如果它这么好，为什么大部分学生没有使用它呢？一种解释是，学生根本没有意识到它的有效性，在卡皮克等人的研究中，只有8%的学生认为这是一种有效的学习方法。卡皮克和罗伊迪杰在2008年的研究中，对重复学习法与自我检测法的效果进行了研究。他们发现，学生在分别使用这两种学习方法后，对自己随后的测试成绩预测相似。但实际上，他们在使用自我检测法后的测试成绩较好。也就是说，即使学生被要求使用自我检测法学习，学生也不一定能发现它的价值。

一些人不愿使用自我检测法，也许是因为他们的无知，也有可能是因为对学习和智力的观念影响了他们对学习策略的选择。埃尔林格（Ehrlinger）和沙恩（Shain）于2014年的研究中检验了学生的智力理论。他们将智力观分为增量观和实体观。智力增量观认为，智力可以被开发；智力实体观认为，智力无法被改变。学生的智力观会影响他们的学习目标——那些持有智力增量观的人倾向于主动掌握目标，并更多地关注知识/技能的获得。相反，那些持有智力实体观的人倾向于关注表现目标，更注重避免失败和管理智力表象。这些目标影响了学生对学习策略的选择和使用。可以肯定的是，持智力实体观的学生往往会受到表现目标的激励，而且他们较

少使用学习策略，如自我检测，因为这种策略会给他们"自己还未达到目标"的反馈，这一定会对他们的元认知有所影响。你可能听过这样一句话："如果你去找麻烦，你就一定会遇到麻烦。"然而，在学习上，如果你不主动"找麻烦"，往往会导致最大的问题。

本章小结
摆脱元认知错误的控制

本章提到了元认知错误的主要观点，以及如何在学习时降低它们的影响。

- 人们感知到的自己的能力水平和实际的能力水平可能完全不同。往往能力最差的人最容易对自己的能力有着不切实际的认识（邓宁－克鲁格效应），这是一个人发展的巨大障碍。因此，人们应该根据自己所展示出的能力来认识自己，而不是根据自己所认为的能力来认识自己。
- 当读完一本书，并且将它放在面前时，人们会认为自己从该书中吸收了很多信息，但这是一种错觉。因此，在评估自己对信息的记忆程度时，手头最好不要有原始材料。
- 人很容易夸大自己对所读内容的理解程度，而且无法发现自己并没有完全理解所读内容，如忽略了文本中明显的矛盾。因此，不应将记忆能力作为衡量理解能力的指标。
- 在复习时，人们很容易认为自己已经都学会了，或者学习内容并不难。然而，我们应该拿出更具体的指标来判断学习内容的难易程度，如过去学习知识所需的时间，并且在计划未来的学习时，不依赖自己的刻板印象，认为获取知识很容易。

- 在学习的时候，一个人很可能没有充分使用自我检测的学习策略。研究表明，这种学习策略在促进正确的元认知方面最为有效。所以，请把自我检测当作一种学习工具。记住，通过自我检测获得信息是学习过程中的必要环节！而且，你将在第 3 章和第 4 章中看到，检测实际上是你学习时最亲密的盟友，而不是你的敌人。

正确的元认知是高效学习的关键。然而不幸的是，人们都容易受到元认知错误的影响，这些错误会使我们误以为自己的学习方法比实际更有效，使得我们不愿意接受更有效的学习建议，也不愿意与支持我们的人交流。为了帮助大家解决这个问题，本章的大部分内容都是"警告"，相信你在了解之后能更容易接受后面章节中的有效的学习建议。现在你得到了一些如何阅读这本书的初步建议，这将帮助你避免陷入元认知错误。

我想用一些鼓励的话来结束这一章。你在阅读这本书的过程中，可能会逐渐意识到，你在提高学习方法上付出的努力只会让你觉得自己更加愚笨。如果是这样，不要气馁，这说明你开始摆脱元认知错误对你的控制了。进步往往伴随着一定程度的不适，话说到这里，你现在应该开始质疑任何看起来很容易完成的事情了！

第 2 章

战胜拖延
让计划顺利实施

去做有那么难吗？做就对了！

天下大事，必作于细。

——老子

核心建议01：
了解拖延是高效管理时间的关键

我打算坦白了：我最开始想写的内容和真正呈现出来的内容完全不一样。我原本想按常规写法，告诉你了解和反思如何利用时间、确定最后期限并积极做准备有多重要。我原本想建议你，提前制订应急预案，避免你精心制作的甘特图被生活中的意外打乱。我原本打算……直到看见我自己精心设计的甘特图，也就是本章的行文脉络图时，我已经比预定时间晚了一个月！怎么回事？我被炒鱿鱼了？无家可归了？离婚了？还是被困在遥远的某处，被迫过上《荒野求生》里贝爷（Bear Grylls）那样的生活了？提示一下：我一直都在忙于写这本书。好吧，我的确在旅游网站上给周末住的一家酒店打了三星，可我没办法，它们的床太硬，吃的也很寡淡。除了这些鸡毛蒜皮的问题，我真的没有任何借口了。当然，大学里新的学期开始了，各种事情都乱糟糟的。不过，我早有安排。早在暑期时，我就已经为上课做了一些准备，所以新学期一开始，我就能继续写这本书了。

老实说，在我的学术生涯中，类似这种完美的时间管理计划付诸东流的情况已经不是第一次了。如果你也有下述情况，请自动在脑子里打钩：听完课，许诺拿出时间整理课堂笔记，可你并没有；提前整整两周打算复习备考，可基本没怎么复习；预计在截稿日前几天完成的论文，最终在截止日前一天晚上熬夜赶完。如果上面的例子你都没有共鸣，那我表示，先生/女士，你正在:（a）撒谎或（b）撒谎！

我们为什么要这样对自己？我们难道没有从过往痛苦的经历中吸取教训吗？也许我们是一群自虐狂，暗地里享受着将原本可以更愉快的生活搞得一团糟？或许懒惰是人类生活中不可分割的一部分？或许是因为我们从未真正理解过它，那阻碍我们按时完成目标和计划的最大障碍——

拖延。

罗森塔尔和卡尔布林（Rozental & Carlbring，2014）抓住了拖延的本质，并极其精炼地将其定义为在能够预料后果有害的情况下，仍然把计划要做的事情主动往后推迟的一种行为。拖延现象并不少见，在学生群体中似乎尤为普遍。有报告称，在大学本科生中出现拖延的学生比例高达70%，甚至可能更高（Klassen，Krawchuk & Rajani，2008）。经元分析（meta-analysis）研究发现，拖延往往与学习成绩差相关（Kim & Seo，2015），与压力和焦虑升高之间的关联（Krause & Freund，2014）更明显。

大多数时间管理方面的建议都存在这样的问题：懂得如何规划时间的确没错，可想要实现计划，必须动身去做。拖延正是动身实现计划的大敌。所以，如果想提升你的时间管理能力，首先要学会如何识别和应对拖延。在本章中，我将带你理解拖延形成的原因，并告诉你该如何避免拖延。

2.1 拖延是时间管理的大敌

毫不夸张地说，在最近30年间，心理学家、经济学家、社会学家和哲学家才真正在理解拖延方面取得重大进展。在此期间，在解释拖延出现的可能性和程度时，涌现出了多种不同的研究主题。我们有必要快速了解一下这些主题，从而了解皮切尔（Pychyl，2013）提到的拖延难题是如何组成的。如果我们了解了这一难题的工作原理，我们就能解决它。

核心建议 02：
如果你怀疑自己做成某事的能力，更有可能拖延

关于这项研究成果，你应该不会惊讶：研究表明，个人对能否完成某事的信心会影响他们拖延的可能性。如果你预计某项任务能成功完成，往往能够按时间进度推进工作。相反，如果对能够成功完成任务心存疑虑，那么推迟的可能性就会大得多。心理学家将这种心理现象称为"自我效能感"（perceived self-efficacy）。对文献进行元分析后发现，自我效能感是拖延的可靠预测指标（van Eerde，2003）。比较危险的一点是，自我效能感降低能够自我强化。如果你预感无法完成一项工作，便无法以最佳状态全情投入，这会对你的表现产生不利影响。而你糟糕的表现可能会对任务结果产生负面（至少是非正面的）影响。如果下次你面对一项令你怀疑自己能力的新任务时，便会回忆起上次不佳的结果。这一记忆将进一步降低你的自我效能感，并对你当前的工作表现产生更大的危害。心理学家称之为"自我实现预言"（self-fulfilling prophecy），你则将其称为恶性循环，亨利·福特（Henry Ford）总结得更精妙："无论你认为自己行或不行，你都是对的！"这句话与他本人也十分贴切，难怪他会成为流水线之父，因为拖延在流水线上肯定行不通——一定会被发现。

核心建议 03：
乏味是拖延的邀请函

一个人的拖延情况会受到工作特征的影响。令人厌恶的工作比不令人厌恶的工作，更容易被拖延。当然，这一点也不难理解。试想，在整个人类历史上，有谁喜欢打扫这件事情吗？不过，任务厌恶（task aversiveness）不仅指的是任务本身带来的感受，也与任务的预期结果，或与任务相关的激励有关。打个比方，如果你腾出厨房，不仅能让朋友畅快地喝啤酒、吃比萨，还能自由吐槽，那打扫似乎也不是那么讨厌的事情。正如莱（Lay,1992）提出的，在定义任务的厌恶程度时，必须考虑个人与任务特性之间的相互关系，如引发兴奋、无聊或不确定的事物。不过，在这些个人—任务特征中，哪些与任务厌恶最为相关、最容易引发拖延呢？同时还需要考虑这类特征在任务开始和任务结束时的重要性相同吗？这些问题引发了布伦特和皮切尔（Blunt & Pychyl，2000）的兴趣。他们要求参与者列出个人任务表，并从不同的维度（如对任务的控制程度、任务的不确定性和任务的趣味性等）对任务进行评分。参与者也被要求根据自己对任务的厌恶程度对任务评分，并表明自己可能的拖延程度。他们针对每一项任务进行了如上评分，被评价的任务阶段包括酝酿阶段、计划阶段、执行阶段和完成阶段。经过评分，其中3个任务维度最为强烈地预测了任务厌恶水平和拖延的可能。按照恶劣程度，与任务厌恶和拖延最为相关的3个维度分别是乏味、怨恨和挫败感。在整个任务周期都是如此。

核心建议04：
人格并非引发拖延的元凶，但某些人格特征可能让你更容易拖延

你肯定知道，从长远来看，复习是会带来回报的。在《老友记》的第一季里有一个情节，说的是乔伊试镜不及格——他本应读台词，却和钱德勒一起看起了电视。或许乔伊恰恰是那种喜欢突发奇想、率性而为、活在当下的人？或许有那么一种人格，让人更容易拖延？这种想法听上去十分合理。将性格归咎为拖延的元凶，不失为一种最省事的合理化拖延的方式。不过，对拖延症（procrastination）进行元分析研究（Steel，2007）后发现，并不存在拖延倾向的人格。更准确地说，人格特征的某些组成部分比其他部分与拖延倾向的相关性更为密切。例如，外向性格（extraversion）中的冲动是拖延较为可靠的预测指标。同样地，在责任心（conscientiousness）这一人格特征中，与拖延倾向密切相关的是注意力分散（distractibility）和自控（self-control）。将这些部分组合到一起，就组成了个人对拖延的敏感性。对拖延敏感的人群，普遍冲动、易分心且自控

力差。对拖延不敏感的个体，普遍表现为谨慎、专注和自律。好吧，到目前为止，一切都在意料之中。不过，我的建议——不要试图只通过一个时间表来管理时间——开始变得有意义了。

核心建议 05：
我们更喜欢做有即时奖励的事情

你是否注意到，拖延带来的愉悦感会随着截止日期的临近而逐渐减少？同时，做本该去做的事情所带来的好处（以及不做的后果）突然变得比刚开始偷懒的时候大得多。这里涉及一个专有名词：双曲贴现（hyperbolic discounting）。这种现象指的是低估（并因此推迟）那些能够获得较大回报的远期目标，而偏好那些回报较小的近期目标。当然，随着大目标最后期限的临近，我们开始更加重视它的回报，并且哀叹为什么没有早点开始采取行动。大多数人都知道，"哦，糟了！"，这一刻只要到来，即使我们在看一部最喜欢的电视剧，也无法抵消 6 周没有复习的事实。现在我们不得不严厉地自我谴责。我们必须开始复习了，还有不到两天就考试了！舒温伯格和格林伍德（Schouwenburg & Groenewoud, 2001）发现，在大学本科生中，双曲贴现现象普遍存在。他们用自我报告法测量了学习动机（motivation）和抵制 5 种常见学习诱惑（例如，晚上突然被朋友邀请出去玩）的能力。他们同时检测了学生在考试前 12 周（84 天）的学习时长。毫无疑问，随着考试临近，学习动机、抵抗干扰的能力和学习时长均有增加，但是在 84 天的研究中，直到最后 14 天，增幅才急剧上升。此外，在学习动机、抵抗干扰的能力和学习时长 3 个方面，考前最后几天的上升最为陡峭。你可能会问："这是自我报告的数据，实际的学习行为也遵循这样的趋势吗？"没错，似乎的确如此。豪厄尔、沃森、鲍威尔和布罗（Howell, Watson, Powell & Buro, 2006）要求学生自我报告拖延、学业控制感、执行意图（implementation intention）和言行的匹配程度。他们将这些指标与学生提交作业的时间做了对比。不出所料，随着截止日期临近，提交作业的数量（增速不断提高）增加。这一现象在那些自认为拖延的学生身上表现得尤为明显。非常遗憾，仅仅意识到拖延是无法对抗它的。

截至目前，我们已经筛选出了 4 个因素，让你更可能伸手拿"电视遥控器"，而不是你的"课堂笔记"。它们分别是：效能感、个人—任务特征、对拖延的敏感性和奖惩的时机。然而，理解拖延症的难点并不在于确定诱导它发生的个别原因。我怀疑，之前阐述的一切研究成果都不会让你们惊讶。然而，你也可能会发现，你很少认为自己不可能完成某项任务，但是依旧会拖延。或许，你并不觉得自己是一个特别容易冲动的人，但是在学习上却十分拖延。这是不是意味着，以上给出的所有解释都存在问题？不，这只能说明，对所有人、所有情况来说，不存在单一的拖延的决定因素。更有可能的是，这些解释相互作用，从而决定了一个人在特定情况下拖延的概率。你可以将以上所有解释看作拼图游戏中的一小片。对拖延的研究来说，最大的挑战是如何将这些小片拼成一幅完整的图景。这一图景能够解释不同人在不同场景下的拖延现象。如果我们能够广泛地解释拖延现象，那么预测和预防它的机会就会大得多。

2.2 时间动机理论

核心建议 06：
拖延就像一个等式，你可以通过调整它的值得到不同的结果

最有可能对拖延现象做出通用解释的人来自研究动机的学者。在动

机研究中，其核心问题之一是人们基于什么做出决策？拖延从本质上来说是一种决策，即将今天能做的事情留到明天。在现有的一系列动机理论中，时间动机理论（temporal motivation theory，TMT）（Steel & König, 2006）似乎提供了目前为止对拖延症最完整的解释。时间动机理论将我们阐述的关于拖延的发现整合到了一起。这一理论认为，个体会根据收益来决定是否去做某事。对收益的判断来自对4种价值的评估。首先，对实现预期结果的期望（E），这正是你所知的自我效能感。第二，产出结果的附加价值（V），这与个人—任务特征相对应。第三，结果产出在时间上的延迟（D），这一点与任务奖励/惩罚（rewards / punishments）的时机相关。最后，个体的冲动（I），也被称为对拖延的敏感性。于是，我们就可以得出一个等式：

$$动机（效用）= \frac{E \times V}{I \times D}$$

你是不是认为你的问题必须得用更长的公式才能解决？我知道你在想什么："就这？拖延给我带来这么大的痛苦，我还以为能有什么更复杂、更震撼的东西呢？"关于这一点，我想提醒你们，爱因斯坦著名的狭义相对论的方程式更短。我必须承认，关于狭义相对论，我只知道这些了。我本来还想读史蒂芬·霍金的《时间简史》，唉，你们知道怎么回事的。好了，现在方程式有了。这是不是意味着，你只需要按一按计算器，就能知道自己的拖延程度？或许可以，不过没这个必要。列出这个等式的目的是为了说明我们之前讨论过的拖延症的解释是如何相互作用的。

我们先来看等式右边的分子部分，分别为对实现预期结果的期望（E）和产出结果的附加价值（V）。理想状态下，我们更希望做那些我们有信心完成，并且有高价值（如令人喜悦）的事情。我们用奶油蛋糕来举例。奶油蛋糕令人难以抗拒，吃掉它非常简单，所以，你对成功的期望是高的。换句话说，吃奶油蛋糕有很高的价值。现在我们来看等式右边的分母，分别是个体对延迟的敏感性，即个体的冲动（I），以及结果产出在时间上的延迟（D）。理想状态下，我们不会被分散注意力，而且任务的奖励来得很早。例如，如果把一块奶油蛋糕摆在我们眼前，我们的注意力很难被其他事物吸引，而且吃奶油蛋糕的回报（如喜悦）也是即时的，吃奶油蛋糕的惩罚（如变胖）是遥远的，是未来的你该担心的事情。现在我们已经了解了等式的意义，下面尝试用它来解释拖延现象吧。

当等式右边的分子大（代表高预期和高价值），而分母小（代表低冲动且与任务相关的奖励延迟少）时，任务的动机（效用）得分就会很高。调整等式中任意一个数字，都可能对手头工作的动机得分产生很大的影响，这正是距离考试越近，复习的意愿越强烈的原因。即与复习和结果产出在时间上的延迟（D）相对应的数字下降，使动机分数相应提高。

希望这个简单的等式能够实现 3 个目标。首先，帮助我们理解这些因素如何影响了拖延。第二，帮助我们了解了个体的拖延是如何变化的。第三，告诉我们如何控制拖延发生：只需要调整其中一个值，就会对结果产生很大的影响。我们现在已经了解拖延等式的运作方式了，接下来让我们看看如何控制这些因素，进而打败拖延的冲动。

2.3 拖延调控指南

或许我们都知道，克服拖延远远不止喊一句"Just do it"。然而，令人惊讶的是，对拖延的有效干预记录少之又少（Rozental & Carlbring, 2014）。还有更糟糕的一点，亲爱的读者，我推荐你们的解决方案是有局限性的。因为某些被验证的干预措施会涉及版权或心理治疗。既然已经掏钱买了这本书，还建议你"花钱去治疗"，你可能会觉得有些亏本。庆幸的是，没这个必要。我们已经确定造成拖延的可能性是几个因素相互作用的结果，即我们的自我效能感、产出结果的附加价值结果、对拖延的敏感性以及产出在时间上的延迟。现在就让我们试着利用这些因素和那个等式，帮助我们战胜拖延！

核心建议07：
用好执行意图，提高自我调节的效能

首先，我们来谈谈如何提高自我效能感这一问题。你或许认为，对这方面最好的建议是面对你逃避的事情，提升相应的技能。例如，如果你在写论文时拖延，那么你的解决方法便是提升论文写作能力。可惜，事情没这么简单。虽然提升论文写作方面的效能感对你也会有帮助，但是你也会发现，如果让你拖延的事情是论文写作，那么事情就没那么简单。这里有一个更大的问题需要你来解决，即你在自我调节（self-regulation）方面的自我效能感。

自我调节指的是个体发起、执行、监督以及在必要时调整学习行为的能力。克拉森、克劳丘克和拉贾尼（Klassen，Krawchuk & Rajani，2008）的一项研究证明了自我调节的重要性。他们记录了一组大学本科生的学习成绩，并做了一系列问卷调查，调查内容如下。第一，学业上的自我效能感。这一项是通过对以下陈述的认同程度确定的："我有信心能理解课堂阅读中最难的材料。"第二，学业上的自我调节。这一点取自学生对以下陈述的认同程度："如果课程材料很难，我就改变阅读材料的方式。"第三，自我调节上的自我效能感。这一点的评估需要回答以下问题："你在截止日期前完成任务的能力有多强？"最后，给出对拖延可能性的评测。令人意想不到的是，研究结果表明，学业上的自我效能感并不能很好地预测拖延的发生或学生的学习成绩。相反，在自我调节上的自我效能感却强有力地预测了拖延的发生。那些对自己的学习自我调节能力更有信心的学生的拖延行为更少。正如克拉森等人所言，知道自己在做什么，或者认为知道自己在做什么并不是降低拖延概率的万能钥匙！好在一些研究提供了几个能够帮助我们提高自我调节能力的自我效能感的方法。

欧文斯、鲍曼和迪尔（Owens，Bowman & Dill，2008）在研究中提出了一个原则，用以提高自我调节能力。他们邀请学生参与研究，表面上是填写一份调查拖延倾向的问卷，而实质上，研究内容不止于此。就在学生填完问卷要离开实验室时，研究人员告知参与者可以通过参加第二项研究获得额外的学分。随后，研究人员将留下的参与者随机分成两组。其中一组拿到的报名表中包含了第二项研究的10个时间点，研究人员给这一组学生的要求非常简单，即选择表格中列出的任一方便的时间段来参加下次研究。另一组学生也拿到了同样的报名表，不过有如下书面说明：

> 在第二页的底部写下你能来参加第二项研究的时间，并且保证一定会来，然后将本页交还你的老师。

随后，研究人员对比了两组学生中参加第二项研究的人数。你认为这两组学生回归的人数会有不同吗？记住，两组参与者的任务是一样的，只是第二组的报名表上，比第一组多了上述那段话。实质上，两组的指令是相同的，即确定一个参加第二项研究的时间。然而，第一组中只有18%的参与者参加了第二项研究。你认为第二组中参加第二项研究的人数应该和第一组差不多，对吗？事实并非如此。在第二组中有61%的参与者参加了第二项研究。这可是第一组数据的3倍之多。是什么让第二组学生的到场率比第一组学生高出如此之多？加夫里洛和奥廷根（Gawrilow & Oettingen，2008）认为，这是因为第二组参与者在实验中被诱导产生了所谓的"执行意图"（implementation intention）。执行意图不同于基于目标的意图，它明确阐述了，为了促成目标意图，该采取什么行动。执行意图有两个十分关键的组成部分："如果"和"那么"。"如果"引出与未来目标相关的条件，该条件的结果则用"那么"引出。在欧文斯等人的实验中，研究人员给予参与者如下的执行意图：如果我报名参加第二次实验，那么我将在"Y"时间出现在"X"地点。

说到这里，你是不是有点儿难以置信：只是简单地使用了执行意图，就有可能提高自我调节技能？反正我是不敢相信。不过，还有更离奇的。对执行意图来说，"如果"和"那么"这一特定格式对其有效性十分重要。奥廷根、厄尼和戈尔维策（Oettingen, Hönig & Gollwitzer, 2000）做了一项研究，在这项研究中，参与者被要求在每周的某个特定时间内完成乏味的数学作业。研究人员引导参与者用不同的方式来表达完成家庭作业的意图。一组参与者被要求使用"如果/那么"的执行意图：如果到了周三的8点30分，那么我会尽量完成更多算术题。另一组则被指定使用准确的日期、时间和目标来表达意图，但不使用"如果/那么"格式。这一组的意图是这样表达的：每周三8点30分，我将尽量完成更多的算术题。研究人员的关注点在于，两组学生每周完成家庭作业的拖延程度。这一指标的测定来自每组参与者准备开始做作业和实际做作业之间的时间差。执行"如果/那么"意图的参与者偏离预期开始时间的平均值为1.5小时，没有使用"如果/然后"格式表达意图的参与者，平均偏离预期开始时间8小时！

为什么执行"如果/那么"格式的意图对他们的成功如此重要？理由非常简单。你可以参考戈尔维策、加夫里洛和奥廷根（Gollwitzer, Gawrilow & Oettingen, 2008）的研究，以做进一步了解。"如果/那么"格式的执行意图可能以不同的方式发挥作用。首先，这一格式似乎能提示人们，在关键时刻（即"如果"提到的内容）要更密切地关注它。第二，它似乎使情景和反应之间的关联更为强烈。所以，当个体实施目标遭遇困难时，他更有可能减少一些犹豫。第三，它似乎能够消除与自我调节相关的一些问题，而这些问题恰恰有碍目标的实现。关于这些问题，可以在维贝尔和戈尔维策（Wieber & Gollwitzer, 2010）的研究中找到更全面的阐述。目前已经有足够的研究表明，如果你非常明确何时、何地以及如何开始，那便更有可能朝向一个目标开始行动。如果你已经想好如何处理分心的问题，那就更有可能继续执行这个动作。如果你也已经考虑好如何寻找和回应反馈，那你就会有极大的概率成功监督自己行动的有效性。最后，如果你正以一种更系统、更有组织性的方式努力实现目标，你就不太可能耗尽自我调节的能力。一项针对94项研究应用的元分析表明，这些在弥合意图和行动之间的差距方面确实有效（Gollwitzer & Sheeran, 2006）。

所以，看起来战胜拖延症的良好开端便是更为明确地设定你的目标，特别是使用"如果/那么"格式，明确你将在何地、何时以及如何去实现一个目标。关于这一点，我建议你可以多加练习——如果我设立了一个目标，那么我会首先明确具体在何时、何地去做，并明确如何完成这个目标。好好试一试执行意图这个方法，它并不需要你付出任何实质的努力，但它产生的效果可能会令你震惊。

核心建议08：
经常奖励自己的进步

现在，我们来讨论针对"产出结果的附加价值"相关的干预，我们已经提过一个非常抓人眼球的概念，即人们更倾向于拖延那些令他们乏味、怨恨和感到挫败的任务。当然，我非常推荐你直接避开这样的任务，这样就皆大欢喜了。除非是学习或者是与学习相关的事情令你感到乏味、怨恨和挫败。因为只要你还想拿到学位，你就不能放弃阅读、记笔记、写作或复习。当然，有效地完成这些任务，将大大减少产生乏味、怨恨和挫败感的可能性。不过，针对如何更有效地阅读和记笔记等方面的指导，将是本书后续章节阐述的重点。现在，我们就来看看，面对这些无聊透顶的任务，我们该如何降低拖延的概率。如果能做到这一点，那么即便是面对驾轻就熟的工作，你仍然不会因为兴味索然而拖延。想做到这一点，首先需要了解心理学的支柱之一：行为主义（behaviourism）。

行为主义认为，科学的心理学必须关注那些能够客观观察和测量的东西。因此，行为主义关注的是环境（刺激）和行为（反应）之间的相互作用。行为主义者认为，所有行为无论多么复杂，都可以被分解为刺激（stimulus）和反应（response）之间的关系。这些关系受到强化（积极的或消极的）和惩罚的控制。被强化的行为往往会重复出现，被惩罚的行为则不容易再次发生。让我们来看看行为主义是如何解释拖延的。假设你觉得复习很无聊，复习便与惩罚（无聊）建立了关系，这样会间接导致复习带来的巨大回报（如好成绩）遥不可及。相反，看搞笑综艺节目能够给你带来愉悦的感受，而且这种愉悦感是即时的，因此看电视这种行为便通过愉悦的感受被强化了。所以很明显了吧，这两种行为哪一种更可能再次发生？等一下，这还不算完！看综艺节目还能帮你规避无聊的复习，因此，你看电视的行为也被消极强化了。真是祸不单行！你每一次的拖延都在增加未来拖延的可能性，因为你在无意中通过积极和消极的方式强化了这种行为。这完美地解释了拖延症为什么如此难以摆脱。

好消息是，一旦你理解了强化和惩罚的机制，你便可以利用它们来助你一臂之力。你要谨记，强化的发生并非只能被动等待，你也可以自我强化自己的行为——你可以决定何时、何地以及如何奖励或惩罚自己。早在 20 年前，法拉利和埃蒙斯（Ferrari & Emmons, 1995）的一项研究就表明，自我强化更频繁的人拖延的可能性也会更低。你是不是会问，这项研究中衡量自我强化的本质是什么？周末休假？在米其林星级餐厅吃晚餐？完全不用这么奢侈！强化的衡量标准是一个人享受自我激励的可能性有多大！重点是，既然普通的东西都能够作为给自己的奖励，不妨再想一些更高级的奖励，看看自己能被激励到何种程度。在确定自己的奖励时，只需要记住时间动机理论里的一个结论：你会更喜欢小而直接的奖励，而非大而遥远的奖励。如果每当工作取得进展时，你就奖励自己，而非全部完成后再奖励自己，那么你便缩小了任务和回报之间的延迟。这是个解决学习拖延的好方法。因为在学习上，努力和回报之间往往会有很长时间的延迟。

奖励或许会以意料之外的形式出现。虽然你可能不会相信，不过我在第1章提到的自我检测法也能作为一种强化。当然了，如果你觉得无论多么非正式的测试都是非常糟糕的奖励，也是可以理解的。不过，无数次把脑袋埋在书本里，怀疑自己的努力是否得到了回报，这种感觉并不好，不是吗？往好了说，它会令人不安；往坏了说，这简直让人斗志尽失。因此，本质上，你的学习也受到了这些怀疑和消极情绪的惩罚。现在，思考一下，如果你通过自我检测来检验自己是否掌握了知识，或许一开始做得不够好，但总归会做对一些题目。即便你的学习只是取得了一点点成绩，这一点成绩也会积极地强化你的学习，使你更有可能继续下去。你接下来的学习就有了特定的目标：记住那些你没有准确回忆起来的知识。我们将在第3章提到，这种阅读比漫无目的地浏览要好得多。继续阅读、继续做测试，你会答对更多题目，这会让你渐入佳境，你会看到自己的进步并从中获得满足感，这同时也会积极地强化你的学习，没准儿你还会用读更多书的方法来激励自己呢！"等一下。"我听见你又在大声问了，"之前说的那些都很好，可这一点有些奇怪，读更多书怎么可能会是奖励呢？奶油蛋糕，是奖励。打个盹儿，是奖励。读更多书？听着怎么像是惩罚？"的确，如果你把阅读和没有进步联系到一起，那确实如此。可现在你已经开始将阅读和进步的满足感关联到一起了，而这种满足感恰恰来自你的劳动与付出。此时，你的阅读已经获得了积极的强化，所以继续阅读下一章已经没那么令人反感了。佩兰、米勒、哈伯林、艾维、梅恩迪和尼夫（Perrin, Miller, Haberlin, Ivy, Meindi & Neef, 2011）做了一项有趣的小研究，他们观察在考试前7天学习材料（以练习测试的形式）的可用性对学生拖延现象的影响。他们将参与者分成了两组，第一组的所有成员在每天早上6:30进行新的测试练习，第二组中只有完成了前一天测试的人才能在每天早上6:30进行当天的测试。研究结果表明，不受限制地获得模拟测试机会的学生一般会将测试留到期末考试前11个小时内完成。另外那些需要赢得额外测试机会的学生，在期末考试前的测试分配则更为平均。当被问及参加测试的经历时，80%的学生表示，参加测试后，他们感觉自己对期末考试的准备更充分了。但是当被问及更喜欢没有限制的测试，还是必须先完成之前的测试才能获得后续测试时，90%的学生选择了前者。

还有一种强化可以帮助你接受过去讨厌的工作，这就是背负式（piggybacking）策略（Ainslie, 1992）——将你喜欢的东西融入你讨厌的任务中，使得这项任务与奖励相关，这样一来，任务就不再是惩罚了。例如，如果你发现社交活动往往比阅读更吸引你，你可以尝试创建一个学习小组，那么阅读这一令人讨厌的活动便和与人互动这一令人愉快的活动联系在一起了。我建议你谨慎地选择读书的场地。如果你坚持要去酒吧，那我建议你选一个安静的酒吧，而且在学习活动结束之前，不要碰酒杯。你还可以将美酒作为完成学习的奖励。你们当中对技术和小程序感兴趣的人，可以找到一种能够积极地强化学习的方法。这种技术甚至还可以消极地强化学习，也就是说让学习成为一种逃避更加讨厌的东西的方式。戴维斯和阿比特（Davis & Abbitt, 2013）研究了这种可能性，他们使用定制短信服务，不断提醒学生完成一项课程测试，而且随着测验期限越来越近，提醒次数越来越频繁。截至最后一天，学生们一共收到了13次提醒，换句话说，完成测试被消极强化了，即被消除恼人的短信这一行为强化。利用垃圾信息让人们不再拖延，这个想法可真有创意。不过，你知道的，在逃避惩罚和忽略负强化方面，人类可是相当狡猾的。读完上面的研究，你很可能已经想到了，学生很容易就可以屏蔽发送短信的电话号码。当然，如果他们这么狠心的话。同样，上述研究的参与者虽然在做测试时更不容易拖延，但这并不意味着他们会从中受益。你或许会认为，打败拖延症的一个好方法是把学习与更讨厌的事情（如打扫卫生）对立起来。不过，虽然你在啃书本，可这并不代表你在真正地用功学习。在上面的例子中，你学习的动机并非是想在学习上取得进步，而是为了避免在打扫卫生上取得进步！积极地加强在学习上的进步，远比消极地强迫自己坐下来学习要好得多。

核心建议09：
消除学习环境中的干扰因素

现在我们来讨论拖延中的一个棘手问题，即如何解决对拖延的敏感性的问题。恐怕你不太会喜欢我关于这部分的建议。接下来，我会通过一个场景来阐明这个大问题，同时尽力说服你。我的建议虽然有些恶毒，但是是非常必要的。

你终于坐在了笔记本电脑前，"准备"写论文了！叮！有一封工作邮件。最好还是看看。没准儿只是你的一位同事在吐槽老板，讽刺他是个烦人精，这已经是本周第三次了。心理提示：给他发一张关于言论自由的截图，这可不是什么免费服务，只是想看看他脸上的表情。你在做什么？哦对，写论文！叮！在你一百多位脸书好友中，有一个人刚发了新帖子。好吧，你只是随手点个赞而已。叮！很明显，其他人也点赞了。这些你真的都需要知道吗？等下，是你的前任。八卦之魂燃起！你肯定得找到他们的简介，看看他们进展到哪一步了，当然这纯粹是出于人道主义的考虑！

自从你们分手后，他看起来老了许多，而且最近的照片也只发他们脖子以上的照片。这只能说明一件事情：他们最近幸福肥了。好极了！叮！说到照片，有提示说你被标记在某一张照片里了。最好还是去看看。呃，这可"真的"不讨喜。算是报应吧，我猜。叮！是 Instagram 的提示。好吧，你一点儿也不感兴趣，不过刚好提醒了你，你还有一些度假的照片没上传呢。对，你是有照片，不过得用一两个修图软件处理一下。叮！是谷歌邮件的通知。上帝保佑，不要再收到那位叫"非洲陆军大将"的家伙发的网上账单或垃圾邮件了。这人想要你的银行信息，然后把某位和你同姓之人的遗嘱的一半收益转给你。还记得吗？就是那位刚刚在矿难中去世的人。猜对了，又是"非洲陆军大将"。这次他是来分享一位死于滑雪事故的有钱实业家的收益。嗯……叮！这次是短信，显然不远处的比萨店想念它的老顾客了。丁零零！哇哦，奇了怪了，竟然有来电！原来是做推销的，没准儿可以把"非洲陆军大将"的电话给他？叮咚！叮咚！门铃响了，是你在亚马逊上买的东西，昨天就该签收了。好了，现在可以开始了。你的手指悬在键盘上，光标仍然在空白的纸面上闪烁。你键入论文的标题，抵挡住了乱用字体的诱惑。新的段落即将诞生。叮！是 WhatsApp 的信息，你最好的朋友问你，为什么还没到酒吧，都迟到 10 分钟了。

  我承认，我在上文的例子中使用了一些艺术上的加工。但重点在于，我们在日常生活中是否允许一连串干扰来争夺我们的注意力。糟糕的是，当面对一些高专注力要求的工作（如学习）时，我们通常无法很好地屏蔽干扰。干扰不仅会增加完成原工作所需的时间，使继续原工作变得更加困难，并且无论是处理原工作，还是干扰事件本身，都可能会犯更多错误。破坏力最强的一类干扰是这样的，这类事件并非由你挑起，但是却迫使你必须先完成它，才能继续原工作。这种干扰可能来自任何一个社交媒体、任何一款社交软件或设备。哎哟！抱歉朋友们，这一点还没有定论：在学习和多媒体之间进行多任务处理（multitasking）是否有好处。感兴趣的读者可以仔细参考麦和埃尔德（May and Elder, 2018）的评论。评论表明，当我们被科技干扰时，我们会成为自己最大的敌人。学生一般都能认识到，在媒体之间进行多任务切换可能会影响他们的学习能力。不过，学生通常会低估这种影响，不管怎么样，还是会继续来回切换！面对如此多争夺注意力的事情，我们到底该怎么办？

有一点你可能不会惊讶，即如果引起分心的事物就在手边，我们是很难抵挡它的诱惑的。这正是你现在学习时面临的情况。你用来学习的电脑，同时也是通往朋友之间沟通、购物和猫咪视频世界的大门！意志力是一种有限的资源。如果你已经花了大量的精力进行自我调节，努力避免了一个诱惑，那么当下一个诱惑来临时，你的自我调节储备就会减少。这一点在福斯和希瑟顿（Vohs & Heatherton, 2000）的研究中得到了很好的证明。在他们的研究中，参与者全部是奉行长期节食的人（他们本应避开大餐）。参与者会面临几种不同的诱惑。首先，他们被要求在房间里观看一段野生动物视频，一组面前放了一碗糖果，伸手便能够到（高诱惑条件），而且能够随便吃面前的糖果。而另一组的糖果则放在了房间另一头，距离他们好几米远（低诱惑条件），他们被告知禁止碰糖果。在"自助糖果"一组里，参与者需要自己控制行为。而在"禁止碰糖果"一组里，自律行为是被强加到他们身上的。看完视频后，参与者被带到另外一个房间，并被告知在接下来的10分钟里，他们的任务是品尝各种口味的大桶冰激凌，并对其味道打分，研究人员会离开房间，没有人看着他们。10分钟后，研究人员返回房间，并测量参与者吃了多少冰激凌。对比经受过高诱惑和低诱惑的节食者，实验结果发现，那些随便吃糖果的参与者比禁止吃糖果的人多吃了大约60%的冰激凌。因为一开始，糖果近在眼前，即高诱惑条件，参与者已经耗尽了自我调节的储备。随后，当他们有机会大吃一顿时，就很容易屈服了。当你学习时，手边能够诱惑你分心的事物太多了，问题不在于你是否屈服于其中一个而拖延学习，而在于何时屈服。如果你有这样的体验：学习时成功忽略了一些电子邮件提醒，但很快又收到一条短信，便能够体会到这一点。

自我调节储备的减少影响的不仅是你在经受诱惑时的表现，也会让你在面对富有挑战的任务时更不容易坚持。在实验的第二部分，福斯和希瑟顿将品尝冰激凌换成了解开一道难题。参与者不知道的是，这道难题是无解的。那些先前可以随意吃放在手边的糖果的那一组人，比糖果放在房间另一头的那一组人坚持解谜的时间少了20%。在这种情况下，经受过高诱惑的参与者为了抵抗吃糖果的诱惑已经耗尽了自己的自我调节储备。所以当他们遭遇难题，需要再次动用自我调节时，发现自我调节的池子已经空空如也了。当你学习时，如果你花了很大的精力去"拒绝"诱惑，那么会很容易放弃解开难题。

更令人遗憾的是，不仅抵制诱惑会消耗你的自我调节储备，所有需要自控的情况都会消耗你的自我调节供给。福斯和希瑟顿实验的第三个部分是这样的。他们将糖果碗换成了另外一种形式，参与者被要求观看电影中的一个感人场景，一组被要求压抑自己的情感（即努力控制自己的情感表达），另一组则允许情绪的自然流露。紧接着，他们进行了同样的冰激凌实验。猜猜哪一组多吃了36%的冰激凌？没错，是被要求压抑自己情感的那组。由此看来，即使你没有逛淘宝，也不能帮助你避免拖延——你试图抑制错过特价商品的绝望情绪，这本身也会对你的自我调节储备造成损害。

上述研究得出的信息很清楚地表明：你应当减轻自我调节储备的负担。最直接的做法是：无论你在哪里学习，摆脱所有会让你分心的事物。不过，正如前文所述，这样做可能无法杜绝所有潜在的拖延因素，相反可能会成为最大的祸端。估计你也不太愿意回到石器时代去做你的研究、做笔记或写论文。你可以禁用提醒功能，这样的话，至少科技的诱惑不会如此直接地夺走你的注意力。不过，你还是很清楚，它们就近在咫尺。更糟糕的是，因为你关掉了消息提醒，谁知道你会错过什么？所以，你可以使用一些技术手段，屏蔽讨厌的社交媒体和应用程序的消息提醒，从而减轻自我调节的负担。我知道互联网上有很多免费的应用程序，可以帮助你在学习时屏蔽网络连接、特定的网站或应用程序。

说到这里，你可能会想：如果自我调节的资源是有限的，那我肯定需要通过定期休息来恢复了。是这样的，而且我们之前已经暗示过，可以把休息（如茶歇）作为奖励。不过说实话，本该是喝杯茶休息15分钟的，有多少次你是坐在沙发上一边看电视一边吃薯片，休息了足足两个小时？这是因为休息对自我调节也是有要求的：你必须做到规划休息时间表，留意时间，开始休息，休息时查看时间过去了多久（如果你正沉浸在某事里，做到这一点可不容易），然后在休息时放松，最后在计划的时间重新开始工作，每次休息你都要重复这个过程。幸运的是，屏蔽干扰的网站或应用程序通常能帮你安排和调节休息时间，或者用一种老掉牙的方式：用煮蛋计时器。如果在用上了这些方法后，你还是会拖延，那你赢了。

如果你发现很难远离那些让你分心的事物，那你可以尝试改变自己看待事情的态度：一是对你正在拖延的工作的态度，二是对导致你分心和拖延的干扰事件的态度。如果你能从心底重新评估这项无聊的工作，把它看作是一个提升个人能力的机会，或者将分心的事情看作是一次对毅力的考验，那你就更有可能继续完成任务。我知道这听起来像最高级的痴心妄想，这就好像是在说，如果你一直盯着自己的功课，只要时间足够久，书本就会变成一张百万大奖的彩票。但是，一项实验却得出了类似的结论（Leroy, Grégoire, Magen, Gross & Mikolajczak, 2012）。在这项研究中，参与者受邀来到实验室，并被要求需要在10分钟内学习20种不同的葡萄酒的重要信息。随后，参与者会收到一份问卷，用来评估他们对这项任务的热情程度，同时测试刚刚他们记住了多少信息。填完问卷后，参与者被分配到两个条件组中：一个对照组和一个实验组。在对照组中，下一步实验的指令很简单：请在下一项学习任务中尽你最大的努力。在实验组中，参与者需要对任务进行重新评估，指令如下：为了在下一项学习任务中做到最好，我建议你把这个任务看作一个训练和提高你记忆力的机会，这是在大学获得成功的关键。之后，参与者被带到实验室的另一个房间，并被要求学习大约 20 种不同的葡萄酒的相关知识。这个房间中被布置了一些能够分散注意力的刺激物：有墙上挂着的图片，也有电视里播放的趣味广告。10 分钟过后，参与者再次收到问卷，评估他们自己对任务的热情程度，并再次接受记忆测试，以评估他们刚刚学到的内容。此外，这次新增了一项测试，即对实验室的图片（或电视广告）内容的回忆，以评估他们对这些干扰刺激的关注程度。同时，所有参与者都接受了一次一般视觉记忆测试。这样做的目的是排除对照组和实验组之间由于视觉信息回忆本身的能力差异而产生的误差。结果表明，那些重新评估了学习任务的参与者，对任务保持了更大的热情，对干扰刺激物的注意力更少，对所学内容表现出了更好的记忆力。勒罗伊等人同时完成了上述实验的另一个版本。在这个版本中，研究人员调整了实验组的条件，要求其重新评估干扰，学习任务则保持不变。他们建议参与者，为了能够在任务中表现最好，应该把干扰看作对意志力的测试。这次实验观察到了类似的结果。重新评估干扰的参与者对干扰的关注更少，对学习任务表现出更大的热情，对他们所学的内容表现出更好的记忆力。所以，如果你无法屏蔽学习环境中的干扰因素，试着重新评估它们。这个过程也并不像实验中那么复杂。

核心建议 10：
将复杂任务拆解为小任务

下面我们来探讨结果产出在时间上的延迟，从而有利于你战胜拖延。大多数学术工作都存在这样的情况：你付出的努力和最终的回报之间，通常存在很长一段时间的延迟。这也使学术工作的满足感远远低于那些能够获得即时奖励的活动。因此我们会拖延，一直拖到完成工作与获得应有的回报之间的时间缩短到让我们无法再拖延下去为止。你可能还记得，这个过程被称作双曲贴现。那你知道双曲贴现还有一个帮凶吗？这个帮凶能纵容你把工作拖到最后一刻，它的名字叫作"计划谬误"（planning fallacy）（Kahneman & Tversky,1977），它指的是我们明显低估完成任务所需时间的倾向。我将在这一节集中讨论计划谬误，因为解决它的方法同样也能够有效纠正双曲贴现。

如果你有兴趣了解计划谬误的大型实例，那建筑工程案例会是个不错的开始，最常被引用的实例是悉尼歌剧院的建造。1957年，建造剧院预计的成本是700万美元，预计完工时间是1963年。然而，最终的建造成本是预估的15倍，建设时间也比计划晚了10年。即使是这样，完工的建筑也没有最初设计的那么壮观。

在解决学习中的拖延问题时，计划谬误是一个非常值得考虑的因素。如果你低估了完成一项任务所需要的时间，就很可能没有很大的动力去做，直到把它留到最后一分钟。布勒、格里芬和罗斯（Buehler，Griffin & Ross，1994）对计划谬误在大学生行为中的表现进行了全面的论证。他们要求毕业班的学生尽可能地预测提交论文的时间，同时要求学生估计出两个时间：一个时间估计基于一切均进展顺利，另一个时间估计则需要把所有可能出问题的情况考虑在内。实验人员只负责简单记录学生提交论文的时间。学生预测的平均最快（并非最好情况下）完成时间是33天。但实际上，学生完成论文的平均时间为55天，即晚了22天。更令人担忧的是，论文的平均完成时间实际上比他们估计的最坏情况下的平均完成时间也要长6天！

布勒等人还做了另外一些实验，试图梳理出现计划谬误的原因。例如，在原实验的基础上稍做改变。新实验要求参与者估算提交一篇作品的时间，并描述在提交过程中可能产生的任何想法。随后，参与者被要求回忆之前的某个失败的项目经历，即未能在预期时间内完成项目的经历，并解释为什么他们的估计时间不准确。结果表明，虽然参与者能够回忆起之前预期不准的情况，但是这些回忆并没有帮助他们对现在的任务进行准确预估，即他们并没有从错误中吸取教训。如果我们在后续估计时没有很好地借鉴之前的错误，那么及时提醒先前的错误便能够规避计划谬误，对吗？很遗憾，不能。比勒等人正是这样做的，但参与者仍然低估了完成任务所需的时间。这一发现的确十分了不起，但也有点令人沮丧。即使有证据表明，我们对任务完成的预期应当更保守，但我们依然会保持乐观，这实在是无可救药。到底哪里出了问题？

卡内曼和特沃斯基（Kahneman & Tversky）首次提出计划谬误时，认为这种现象可能反映出我们采用了错误的视角。在估算一项任务的完成时间时，我们倾向于这样做是以牺牲内部视角为代价的，即专注于描述自己将如何完成该任务。这听起来相当合理。然而，当我们采用外部视角，将当前任务与之前的任务进行比较，并通过这些比较来评估当前的估计时，这听起来就不太合理了！布勒等人提出，采取内部视角会受到三个方面的影响，进而阻碍我们从经验中学习预估时间的能力。首先，就其本质而言，估算某件事的完成时间往往会引导我们更关注未来。所以，挖掘过去的记忆来帮助我们预估手头工作的时间变得有些困难。第二，正如布勒及其同事证明的那样，即使我们回忆起了之前低估任务完成时间的经历，在做新的时间评估时，我们还是不擅长把这些考虑在内。因为在做判断时，我们往往会因关注某些特定的数据而忽略事件的总体数据。这一现象被称作基本比率谬误（base rate fallacy）。我们来看下面的（完全虚构且非常简单的）例子：

100% 因拖延而未能通过学位等级（degree classifications）评

估的人都有 iPad。在拥有 iPad 的人中，有 1% 的人因拖延而未能通过学位等级评估。比利是一名本科生，他有一台 iPad。

如果你给一个人这样的场景，然后问他，根据上面的信息推断比利是否有可能因拖延而无法通过学位等级评估。那么以下这两种情况都有可能出现：第一，他可能会一拳打在你的鼻子上，因为你在暗讽他们；第二，他可能会回答"是的，比利很可能没有通过评估"。这是因为，他很可能会关注"100% 因拖延而未能通过学位等级评估的人都有 iPad"这个条件，但是可能并未考虑到 iPad 用户的基本比率，这也使得他忽略了一个更大的可能性，即 99% 拥有 iPad 的人从未因拖延而无法通过学位等级评估，而比利正是其中一员。第三个无法通过经验估算时间的障碍是归因错误（attribution error）。布勒等人的研究要求参与者解释之前给出不准确估计的原因。在参与者的解释中，他们将错误估计的原因归咎于一些无法控制、不可预测、非正常的事件上，如亲戚的意外来访。相反，当参与者被问及朋友为什么没能做出正确估计时，他们却将原因归结于一些可预测、在控制范围内的事件，而且认为这些事件是朋友自己造成的。如果你认为之前的预估错误是由于某些意外事件的发生而非自己造成的，那么在对未来的评估中你也很可能会忽略它们，因为你认为这些都是非正常状态。不过，如果你能够将之前的估计错误归因于你自己造成的可预测的事件，那么在对未来的评估中，你更可能将它们考虑在内，因为你并不觉得这些事件是偶然发生的。显然，在预估完成工作所需的时间时，我们并不乐于从错误中学习。这也正是拖延难以被克服的另一个原因。

要想准确预测任务的完成时间，我们需要努力从过去的经验中学习，这一点已经非常明确了。那么，问题来了：该如何学习呢？其方法在于强调过去和当前任务之间的联系。在后续研究中，布勒等人构建了这样一个场景：要求参与者在开始一项任务之前，估计完成该任务所需的时间。不过，这一次他们将参与者分为了两组。第一组只被要求回忆过去发生的类似任务的情况，然后给出他们的估计结果。另外一组则必须清楚地回忆过去发生的类似的任务，并叙述如何完成现在的任务，然后再给出自己的估计结果。正如我们所预期的，第一组表现出了计划谬误的倾向，他们大大低估了完成手头任务所需的时间。相反，另外一组并未表现出计划谬误，他们的估计的时间与实际完成任务所用的时间更为接近。明确过去和当前任务之间的联系，似乎对正确估计当前任务所需的时间十分重要。了解这一点非常有用，因为低估完成一项任务所需的时间会放任你将任务一直拖延到最后一刻。从布勒等人的研究中可以得出清晰的结论，即在估计任何任务的完成时间时，都需从过去类似的任务中找到明确的依据。

确保你对任务完成时间的估计是有据可寻的，这一点非常好地避免了预测过于乐观的情况。不过，这一方法的有效性取决于你是否对任务有很好的思考。回想一下，上一次你回顾某项已完成的任务，并据此估算手头工作完成时间的情况。在你眼中，任务是独立存在的，还是说你会将任务分解为几个不同的子任务？我们用写论文来举例。如果你把论文看作一个单独的个体，那么你的论文待办清单看起来应是这样的——

（1）写论文。

清单结束。以此为基础，利用过去写论文的经验预估这次写作所需的时间似乎不是非常明智。从这个待办清单表面上看，写论文的过程似乎非常简单。看到这个清单，你是不是可以完全理解，为什么有人会认为论文可以拖到最后一刻写完了吧。你是不是也能够理解，一个人若是利用这样一个待办清单，会如何被双曲贴现玩弄于股掌之中了吧。如果以这个清单为基础拆解任务的话，那么整个任务只有一次奖励，就是在完成任务的时候。这还有什么乐趣可言？可如果你把论文写作拆解为几个子任务，待办清单看起来就非常不同了。

（1）熟悉论文题目，查找相关的课堂资料和课程笔记。

（2）查找相关文献。

（3）根据搜索到的文献，整理、打印，或者检索出最有用的资源。

（4）仔细阅读上述资源内容，保留有用的信息，舍弃无用的信息。

（5）制定论文写作计划，围绕论文标题展开学术语篇。

（6）写初稿。

（7）校对初稿，并进行必要的修改。这一步骤可能需要重复多次。

（8）校对最终稿（至少在截稿日期前几天）。

（9）检查论文中的引用和参考文献部分。

（10）完成最终的校对。

突然间，写一篇论文有大量的工作要做。以此为基础，预估论文写作的完成时间会准确得多。将论文写作的工作拆解后，还需要等到最后一刻才行动的做法就如同设计完一连串陷阱后，最终选择对着灰熊的鼻子粗暴地来一拳。显然，你不可能这么做。此外，将任务拆解为上述子任务的形式能够创造更多获得奖励的机会。这非常有助于对抗双曲贴现。那么，是否有证据证明，这种"拆解任务、逐个击破"的方法能够战胜拖延呢？

克鲁格和埃文斯（Kruger & Evans，2004）认为，我们可以将计划谬误看作一种切实短视的内部视角，会导致任务量和任务复杂性被大大低估。如果能引导人们将任务拆解为更小的子任务，正如第二个待办清单的例子一样，那么人们很可能降低计划谬误。为了调研这种可能性，他们做了一项实验。实验要求参与者将原始的 Word 文档进行排版，使之与纸质版本的文档格式相同。这项调整格式的任务涉及很多操作，包含很多子任务，如改变页边距、缩进段落、突出文本、调整字母大小写等。所有这些操作都是标准动作，但是非常单调。在开始工作之前，参与者被要求估计完成任务所需的时间。这里需要用到实验控制了。实验人员将参与者分成两组：一组被要求先列出 Word 文档所有需要调整的内容，然后再给出时间估计；另一组则需要先估计完成时间，再拆解任务。结果表明，所有参与者都低估了调整格式所需花费的时间。不过，先拆解任务再估计时间的人，将计划谬误的时间减少了一半以上。

如果我们拆解任务的方法是列出任务各个方面的组成部分（使任务看上去更大），那么组成任务的部分越多，拆解之后的任务看起来就越大。也就是说，随着任务的复杂性增加，任务被拆解后，对完成时间估算的准确性也会增加。克鲁格和埃文斯再次利用调整 Word 文档格式的实验来测试这一点，不过这次他们通过改变子任务的数量来控制任务的复杂程度。实验同样将参与者分成两组。被分配到简单任务的一组，共有 2 个子任务，56 个调整项。被分配到复杂任务的一组，共有 4 个子任务，244 个调整项。对执行简单任务的一组，拆解任务对计划谬误的影响适中。不过，对执行复杂任务的一组，拆解任务的预测时间与实际时间之间的差异，与未拆解任务相比缩小了 3 倍。克鲁格和埃文斯是对的，拆解的好处随着任务复杂性的增加而增加。

本章小结

重点是付诸行动

这一章，我们讨论了很多内容。现在我们要提炼一个简短的总结，即与拖延相关的四项建议：自我效能感、价值、对拖延的敏感性，以及我们之前探索的延迟。

提升你的自我效能感

通常来说，是我们自我调节能力的缺失导致了拖延。要想解决这个问题，可以这样做：

- 在设定目标时，明确你的执行意图。具体来说，即使用"如果/那么"格式，确定你在何时、何地以及用何种方法实现目标。例如，如果我打开电脑，那么我会先花30分钟写论文，再做别的事情。

提升任务的价值

我们会拖延那些自己感到乏味、厌恶或有挫败感的任务。要想解决这个问题，可以这样做：

- 利用奖励积极强化你在某项任务上的努力。小而频繁的奖励比大而遥远的奖励更可取。
- 记住，奖励也可以是学习性质的。你可以用自我检测法评估学习，然后奖励自己能够取得更大进步的行为，如阅读更多的书。
- 将喜欢的事情融入那些讨厌的任务中，这样讨厌的任务就会与奖励联系到一起，而不再是惩罚。

降低对拖延的敏感性

我们的自我调节储备是有限的，如果耗尽，拖延便会发生。要想解决这个问题，可以这样做：

- 尽可能移除学习环境中会导致拖延的事物。我们可以利用科技（如网站拦截插件）帮助你管理干扰源，否则很难在保证不影响使用学习工具（如网络）的前提下减轻干扰。
- 重新评估手头的任务，增加其吸引力，或者重新评估干扰源，减少其吸引力。例如，关注完成一项任务的短期收益，而不是仅仅关注它在更宏大层面上的作用。

减少延迟

学术工作的特点是一项工作的完成和与该工作相关的奖励之间存在很长时间的延迟。这不仅增加了我们将事情拖延到最后一刻的可能，而且我们往往会低估复杂任务的完成时间。要想解决这两个问题，可以这样做：

- 确保你对当前任务完成时间的预估，以及对如何完成任务的描述，能够与过往执行的类似任务有明确的联系。
- 在回顾过去的任务过程时，将复杂任务拆解为一些子任务。同样地，将手头的任务也拆解成子任务，这将极大提高你预估时间的准确性。与此同时，这也为你提供了机会，你可以在任务中穿插一些奖励，而不是等到全部任务完成后才获得奖励。

怎么样，很简单吧？当我想到拖延对我的影响之大时，我通常希望解决方案能够更加详尽。这让我想起，曾经有一位心理咨询师在我的课堂上说过，客户有时会反对咨询师缩短疗程的建议。客户对此争辩说，他们花了几十年的时间才把事情搞得这么糟，咨询师竟然想在几周内解决所有问题，这着实有些吓人。如果你觉得关于战胜拖延症的建议过于简单、不够真实（即使在我对研究进行了一定的阐述之后），那么我就要提醒你关注我们在第 1 章讨论过的后视偏差了！我还想请你诚实地反思一下，上文提出的建议中，有多少你曾严格地执行过？本章我们已经了解到，拖延是一个普遍存在、非常有害且涉及多方面的问题，可它的运作方式也并非令人无法理解。相对应地，它的解决方法也很简单，这就不足为奇了。如果你把我提出的这些简单技巧付诸实践，那么它们对你高效利用时间的影响会让你大吃一惊。

第 3 章

阅读与笔记
不是目的而是手段

笔记要记重点!

谬误不会因为千百次的传播就变成真理,真理也不会因为无人所知就变成谬误。

——圣雄甘地(Mahatma Gandhi)

如果你认为成绩是一场阅读竞赛，读得越多，你的分数就会越高，那你就错了。我可以举出每一个老师都碰到过的场景来反驳你。

学生：教授，我读完你要求我读的关于长时记忆（long-term memory）那一章了。

教授：太好了，你从书中学到了什么？

学生：……

对于情景，令人不安的是，当教授不只祝贺学生读完这一章，还提出更多问题时，学生脸上露出了惊讶和失望的表情，这说明学生将阅读视为学习的目的，而不是达到目的的手段。

接下来，老师很可能会继续追问学生是如何做笔记的。这时，很有可能出现两种情况：第一种情况，老师会看到一张茫然并略带歉意的脸；第二种情况，学生会自豪地向老师展示自己记录的数量庞大的笔记，但是只要老师快速查看哪怕一小部分的笔记，都会发现这些笔记要么是被打印出来的课件，要么是对课本内容的抄写。这两种情况都无法帮助学生回忆起他们学过的内容，而后者更是反映了一种"只关注数量，不关注质量"的学习方法。

尽管我现在侃侃而谈，看上去像一个居高临下的烦人精，但是我承认，在获得心理学学位之前，我和其他人一样，在阅读和笔记方面效率很低。虽然我在学校学习过如何阅读，并且通过考试，进入大学，但是这能证明我的学术阅读水平和笔记记录能力达标了吗？并不能。熟练地阅读和写作是一回事，知道如何最佳地运用这些技能是另一回事。如果你想做到这一点，那你需要了解记忆的本质。当你想要提高记忆能力和学习成绩时，重要的不是你读了多少书，而是你理解了多少内容。

3.1 记忆无法永久定格

核心建议 01：
不要利用记忆复制信息，而是要重构信息

我将以一个示例来开启这一章。请按照我说的操作，首先阅读下面的小故事，然后尝试回忆其内容，你会从自己身上看到人类记忆的基本特征。如果没有看到，那么你将获得一个"荣誉"——成功地颠覆了认知心理学中一个开创性发现。下面，我将讲述一个加拿大印第安人的民间传说，该传说名为"幽灵之战"，于1932年被巴特利特（Bartlett）用于研究中。

一天晚上，两个埃古拉克（Egulac）的年轻人来到河边捕猎海豹，他们被寂静的浓雾包围。这时，他们听到了打仗的声音，心想：也许那边发生了战争。于是他们逃到岸边，并躲在一根圆木后面。接着，他们听到了划桨的声音，一只独木舟朝他们划来。独木舟上有5个人，他们说：

"我们想带你们一起去，怎么样？我们要到河的上游去跟那里的人战斗。"

一个年轻人说："我没有箭。"

独木舟里的人说："独木舟里有箭。"

这个年轻人说："我不想去，我可能会被杀，我的家人会找不到我。但你……"他转身对同伴说，"可以和他们一起去。"

于是，其中一个年轻人上了前线，另一个人回家去了。

勇士们继续沿河而上，最后来到卡拉马（Kalama）另一边

的一个城镇。他们从独木舟上跳下来,加入了战斗。在这场战斗中,许多人牺牲了。但不久后,这个年轻人听到其中一个武士说:"那个印第安人被击中了!我们可以回家了!"他觉得这些人都是鬼魂,他们说他被击中了,但是他没有任何感觉。

独木舟带着勇士们回到了埃古拉克,年轻人上岸回家,生起火,并跟大家说:"我和鬼魂一起去打仗,很多同伴牺牲了,很多敌人也被杀死了。他们说我被击中了,但我没有感到不舒服。"

他把所有的事情都告诉了家人,之后便陷入沉默。太阳升起时,他轰然倒下了。一些黑色的东西从他嘴里冒了出来,他面部扭曲,周围的人放声哭泣。

他死了。

我知道你在想什么:这个故事比《双峰》(*Twin Peaks*,美国电影)中的大多数情节都更符合现实!如果你想试试巴特利特的实验,现在按照我说的去做:合上书,15分钟后拿出笔和纸(如果不想写,就找个东西录下你的声音),凭着记忆写下或口述这个故事,过程中不能看书。最后,将你的版本与原文进行比较。

以上操作大致符合巴特利特在研究中对参与者提出的要求。在评测参与者对"幽灵之战"故事的回忆情况时,巴特利特观察到了几个重要现象。首先,参与者能回忆出的内容往往比原故事短。其次,尽管原始故事的主旨被保留了下来,但参与者对故事细节的回忆发生了扭曲,这些扭曲并非随机发生,而是参与者有意为之。也就是说,参与者更改了故事中的某些元素,以使它更贴合自己的认知、经验和文化背景。例如,参与者倾向于忽略那些似乎没有意义的细节。在你对这个故事的回忆中,你是否记得那两个人躲在一根圆木后面,或者他们听到过划桨声?参与者还倾向于扩展细节来增强意义。例如,你是按照故事原本十分支离破碎的形式来回忆故事，还是对其进行了润色，通过使其更为符合传统故事形态来帮助自己回忆故事呢？参与者根据自己的经验和期望，将模糊或深奥的材料合理化为一种更容易理解的形式。你能准确地回忆起故事中超自然的内容吗？例如，原文说道：一些黑色的东西从他嘴里冒了出来。也许你把这句话转述成"他呕吐了"？无论你能回忆出多少故事细节，但若将其与原始版本进行比较，会得出一个明确的结论：你的记忆并不是在被动地逐字复制故事。它的功能不是像照相机一样通过取景器忠实地再现场景；相反，它会根据人们的个人经历和期望，主动重构故事。巴特利特对记忆研究的重要贡献在于：他坚持用摄影类比人类的记忆，证明记忆并不是生成像素，而是生成意义。我以巴特利特的研究作为本章的开始，来支撑我以下论点：你的记忆并不像相机一样工作，所以在学习时，不要将记忆当成相机。如果记忆的功能是构建意义，那么我们需要以此为方向来确定阅读和记笔记的方法。接下来，让我们来看看阅读和记笔记中的一些问题，并思考我们能做些什么来对其进行补救。我们会从一些阅读错误方法入手。

3.2 流行的学习法为何无效

核心建议02：
重复并不是记忆信息最有效的方法

现在是晚上9点，为了参加明天的研讨会，你读了4遍导师要求阅读的文章。然而，与第一次通读时相比，此时的你并没有觉得自己对它的内容有更多的了解，它就是进不到你的心里！不过，第5次就很有魔力——如果你重复某件事的次数足够多，终会发生渗透作用。如果你认可"重复"的作用，那么你会发现有很多人与你有一样的想法。卡皮克、巴特勒和罗伊迪杰三世（Karpicke, Butler & Roediger III, 2009）发现，他们调查的大学生中，有83%的人在学习时使用"重复学习（或重复阅读）"这个方法，有54%的人将其确定为他们的首要学习方法。但实际上，与其他学习方法相比，重复学习似乎不那么有效。说到这里，你可能会感到困惑，然而这在心理学领域已经不是什么新鲜事了。克雷克和沃特金斯（Craik & Watkins, 1973）想要确定到底是哪个变量影响了个体的记忆力，是接受刺激的总时长，还是在某段时间内重复接受刺激的总次数。为此，他们设计了一个非常巧妙的实验。实验的内容是：实验者口头读出提前准备好的单词列表，参与者要边听边记忆这些单词，同时还要对目标字母保持警惕；当参与者听到一个包含目标字母的单词时，他们必须大声重复这个单词（以固定的节奏），直到他们听到下一个包含目标字母的单词；研究者可以在实验中操纵目标单词的出现时长和参与者大声重复单词的次数；在经历一个1分钟的分心任务和10分钟的休息之后，参与者要尽可能多地回忆自己所听到的单词。实验结果表明，目标词的出现时长和重复次数都不能预测它被回忆起来的概率。克雷克和沃特金斯继续研究接触刺激时长和刺激重复次数的作用，他们提出，增加接触时长和重复次数对维持短时记忆（short-term memory）有效。例如，当你想要记住一串电话号码时，只需拿出笔在纸上写几遍就能记住。然而，这两个因素对长时记忆信息并无效果。如何处理你所接触到的信息，比你在这些信息上花了多长时间或者你重复了多少次要重要得多。

核心建议03：
思考是记忆的关键

在了解了克雷克和沃特金斯的研究后，你可能会说，重复之所以不能提高记忆，是不是因为目标单词不易记，或者目标单词碰巧很难？这是一个很好的问题，用单词列表来测试记忆，其结果确实会受到参与者对单词的熟悉程度和单词难易程度等因素的影响。在提出这个疑问时，你正在产出一种有效的记忆催化剂：思考。克雷克和塔尔文（Craik & Tulving）提出了记忆加工层次理论（the levels of processing framework of memory）（Craik & Lockhart，1972），该理论提出，个体与某刺激之间关系的深浅程度最能决定个体能否从长期记忆中回忆起该刺激。例如，仅仅通过观察一个刺激的外部特点获得一些浅薄的感知是不利于将其储存于长期记忆之中的；反之，通过查询刺激的含义而与刺激深度接触，会产生更持久的记忆。克雷克和塔尔文用一个简单的实验验证了记忆加工层次理论。研究人员依旧向参与者呈现一个单词列表，每个单词都是按顺序出现的；研究人员准备了三类问题，并且在呈现每个单词之前向参与者提出一个问题，以引发参与者的大脑对该单词进行特定的处理。第一类问题要求参与者关注单词的结构，如"这个单词的字母都是大写的吗"或"这个词是用斜体写的吗"；第二类问题要求参与者关注单词的读音，如"这个词跟'火车（train）'押韵吗"；第三类问题要求参与者关注单词的语义（含义），其提问方式又可以分成以下两类，一类是询问参与者该词的类别归属，如"这个词表示一种动物吗"，另一类要求参与者将该词放入一个句子中，如"这个词适合放在'女孩把____放在桌子上'这个句子中吗"。呈现完所有单词后，参与者进行短暂的休息，随后他们将拿到一张纸，上面包含刚刚呈现给他们的40个单词和另外40个新单词，参与者的任务是尽可能多地认出刚才看过的单词。结果发现，参与者对进行过语义处理的单词识别得最好。而且，参与者识别出经过语义处理的单词的量是经过结构处理的单词的量的5倍。这个经典的心理学研究得出的结论是：如果你想提升记忆力，最理想的方式就是对信息进行深层处理。

3.3 提问是深入记忆的催化剂

核心建议 04：
如果你想记住某件事，就努力去理解它

说到这里，你可能想知道如何将关于记忆的研究应用在阅读上，从而使阅读更加高效。这就是我们这一章的话题。如果你认为对内容的思考有助于提高记忆力，那么我问你："促进人们在阅读时思考的最佳催化剂是什么？"普雷斯利（Pressley）、麦克丹尼尔（McDaniel）、特努尔（Turnure）、伍德（Wood）和阿迈德（Ahmad）于1987年提出了一个阅读时深入理解文本的方法：详细询问（elaborative interrogation）。这种方法仅要求读者根据文本中的特定事实生成一个解释即可。在实验中，普雷斯利等人把参与者分成三组，要求每组参与者分别阅读24个句子。第一组阅读的是主体和行为之间关系不太明确的简单句，如"胖子阅读了警告"。第二组阅读的是阐述得更精确的句子，能够明确看出主语与动作之间的关系，如"胖子阅读了关于薄冰的警告"。最后一组要在阅读这些句子后回答一个问题。例如，句子是"胖子阅读了警告"。对应的问题是"这个人为什么要这么做"。这类问题对参与者来说往往无法精确的回答出来，他们可能会回答："因为他很重。"如果参与者读到的是一个阐述精确的句子，如"胖子阅读了关于薄的冰警告"。对应的问题会是"这个句子是如何说明胖子会这么做的原因的"。这类问题会促使参与者作出精确的解释，如"因为'薄冰'的字样吸引了他的注意，薄冰可能无法支撑他的体重，他想要避开冰块"。阅读所有句子之后，实验者对参与者的记忆力进行测试，参与者需要回答有关这24个句子的事实性问题。例如，如果问题是"谁读了这个警告"，那么正确答

案会是:"那个胖子"。实验结果表明,在记忆测试中,那些读精确阐述句子的参与者比那些读简单句子的参与者取得了更高的分数,不过,分数差距并不大,而且仅限于参与者不知道会接受测试的情况下。相比之下,那些在回答问题时自己主动作出精确解释的参与者在记忆测试中表现得最好(第三组成员)。不管这些参与者是否知道会有测试,他们自己解释文本所产生的效果都体现出来了。

普雷斯利等人提出的"对信息进行深度处理后的记忆效果优于仅对信息进行浅层处理的记忆效果"具有重大意义。那些阅读精确阐述句子的参与者获得了足够的信息来理解文本含义,因此比那些只读到基本句子的人更有优势。但是,他们只是被动获得文本的意思,而非自己主动构建意义:因为他们没有主动思考阅读材料,所以他们处理信息的方式仍处于浅层。更确切地说,他们只是意义的被动接受者,这种方式的效果已反映在他们的记忆表现上。相比之下,那些自己进行精确阐述的参与者主动为自己创造了意义,他们对阅读材料进行了深加工,从而在记忆力的表现上获得了更大的提升。他们被句子和问题引导着主动思考,这激发了他们对阅读材料深层次的处理,因此,他们在记忆测试中表现最好。

有些人对详细询问这个方法持保留意见,认为它可能只对那些对某个话题很了解或感兴趣的学生有效。然而,厄兹京格尔和格思里(Ozgungor & Guthrie, 2004)进行的一项研究表明,事实并非如此。他们先在大学生群体中发放问卷,了解他们对幻肢痛已有的知识(和兴趣),之后将参与者分成实验组和对照组(control group),让他们各阅读一篇1 500字的文章。在实验组拿到的文本中,每一段都穿插着对前面内容的提问,如"如何证实这一论断呢"。在这个过程中,参与者实际上是在用详细询问法阅读文本。对照组的参与者拿到的文本中没有任何提示,不过他们能阅读两遍,以保证尽可能地理解文本。在阅读完文本后,两组参与者分别接受记忆力、推理能力和概念联系能力的测试。结果发现，在三个测试中，均是使用详细询问法的参与者表现更好；最重要的是，即使事先控制了参与者对文本话题的了解和感兴趣程度，使用详细询问法的参与者的记忆表现仍然优于另一组。我们能够从这个研究中得到结论：提问是让人深入记忆材料的一种有效的催化剂。虽然说你能够从简单的阅读中获得信息，但这并不是培养你理解力的最佳方式。详细询问法是一种能让你在更深层次上处理信息的好方法，能够帮助你从材料中提取意义。然而，你要记住，这个过程不会自动发生。在该研究中，研究者人为地在参与者的阅读过程中加入了详细询问过程。当你自己学习的时候，不会有人在你身边时刻提醒你；如果有，你可能要先做的是控告此人擅闯民宅。本章我们将继续讨论如何利用提问来激发你的学习热情。不过首先，让我们解决一些没有你认为的那么有效的笔记的问题。

3.4 记笔记是达到目的的手段

核心建议 05：
逐字逐句地记笔记花的功夫很大，但不比单纯的阅读更有效

我们已经确定，只是流于表面地阅读或机械地反复阅读材料，而不主动从中提取意义的学习效果一般。因为这种浅层处理信息的方式不利于记忆。这时，可能会有人说，记笔记是一个好方法。然而，如果你记笔记的方法不正确，只是在逐字逐句地抄书，那么你依然是在进行信息的浅层处理。即使你"不在意笔记质量，只注重笔记数量"，逐字记笔记依然是一种有悖常理的做法，因为就算是短短 15 分钟的演讲，如果逐字抄写，也能形成数页的笔记。虽然看着自己记录下来那么多笔记能产生成就感，

但是，记笔记的目的是让你在这个过程中对学习内容更深入地理解、是让你进步，而不仅仅是得到大量无用的笔记。下面这个研究会告诉我们，使用逐字记笔记法（verbatim note-taking）的效果，以及与其他记笔记法的比较。

布莱特辛（Bretzing）和库尔哈维（Kulhavy）于1979年进行了一项有影响力的研究，并提出了具有启发性的见解。他们将参与者分成五个小组，要求所有参与者在30分钟内阅读一篇2 000字的关于一个虚构部落的文章，并且按照各自小组的要求记笔记。第一个小组是总结小组，参与者需要在阅读完每一页后立即写出最能体现文章要点的三句话。第二个小组是记笔记小组，参与者需要在阅读过程中（而不是阅读后）总结每一页的内容。第三组是逐字抄写组，参与者需要（逐字）抄写每页中最重要的三句话。第四组为字母搜索组，参与者需要抄写每一页中包含大写字母的单词。第五组是对照组，参与者只需要阅读本篇文章，不需要做额外的任务。之后，所有参与者分别在学习结束后的当下及一周后接受一个共有25道题的测试，来检测他们对文本内容的记忆效果。结果显示，在研究人员没有向第三组参与者明确说明"逐字抄写"的定义的情况下，即第三组的参与者在抄写过程中会主动思考什么内容值得被抄写下来，而不只是记下所有内容的情况下，第三组参与者的测试情况仍然比第五组参与者差。也许你已经猜到了，在这个实验中，记忆测试表现最好的学生是第一组和第二组。而这两组与第三组的区别在于，第一组和第二组的参与者需要使用自己的语言记笔记。那么，这能说明第一组和第二组记笔记的方法更好吗？不完全能说明。我们最好把该研究结果解读为告诉人们记笔记时不要做什么，而不是告诉人们要做什么。

实际上，过去40年的研究在能否将摘要概括（summarisation）视为一种有效的学习方法这点上的结论并不一致。邓洛斯基（Dunlosky）、罗森（Rawson）、马什（Marsh）、纳森（Nathan）和威林哈姆（Willingham）

于2013研究了摘要概括法对学习的有效性（此研究后来被广泛引用），他们的结论是，摘要概括可能不是一种高效的学习方法。你可能会对此产生疑惑，因为我在前面强调了记忆的重构性质，并指出对记忆进行重构能够提高学习效率，而摘要概括不正是如此吗？别急，解释很简单，如果你曾做过计算机编程工作，或者听过别人描述电影情节，那就很容易理解了。

核心建议06：
摘要概括的效果取决于摘要概括的质量

如果让我摘要概括《蝙蝠侠：黑暗骑士》（*Batman:the Dark Knight*）这部电影，我会告诉你以下几点。故事讲述的是超级英雄蝙蝠侠和他的敌人小丑——一个疯狂的无政府主义者——之间的故事。整部电影比前作更为黑暗与成熟，电影暗示了善与恶的共生关系——两者此消彼长，还展现了不公和绝望腐化一个正直的人的力量，这一点在哈维·登特（Harvey Dent）从哥谭市的正直检察官变成两面派的过程中得到了体现。网上关于该电影的梗概比我的版本有趣得多，但是，如果要以电影情节为基础进行概括，那么这个梗概就不如我的了。这个例子说明我们可以将一个高水平的摘要概括视为学习策略。从根本上讲，摘要概括法是否有效与摘要概括的质量有很大关系，但是每个人的摘要概括的质量不同，所以很难为这个方法的普遍有效性做定论，这在贝德纳尔（Bednall）和基欧（Kehoe）在2011年做的一项研究中得到了很好的说明。在这项研究中，研究人员将存在逻辑谬误（logical fallacy）的材料作为家庭作业布置给参与者。逻辑谬误是推理过程中常见的错误，如"在一个行为（服用药物）后出现了一个结果（感冒好转），就认为这个结果一定是由之前的行为导致的"就是一个逻辑谬误。因为我们不知道这个结果（感冒好转）是否源于前面发生的事件（服用药物），除非我们做一个排除所有干扰性因素的实验来验证。这个逻辑谬误被称为事后归因谬论（post-hoc fallacy）。每个参与者拿到的材料都一样——六本包含不同逻辑谬误的手册，每本手册中都包含关于某个谬误的描述、例子、解释及反驳方法。研究人员将参与者分成四组。第一组为材料解释组，研究人员要求参与者提供一份个人对每个逻辑谬误阐释的书面报告，然后将他们的报告与手册中的信息进行比较，之后，参与者再次阅读自己所写的报告。第二组为材料概括组，研究人员要求参与者在读完手册后，在手册上写下关于所读逻辑谬误的书面总结，方便他们在读到某一页时看到自己写的内容。第三组是材料解释概括组，参与者同时阐释并概括手册中的每一个逻辑谬误。第四组是对照组，参与者仅需进行材料阅读。在完成一系列任务后，所有参与者需要接受三次测试：一是了解他们对逻辑谬误的认识并检测他们在真实场景和新环境中发现逻辑谬误的能力，二是衡量他们对该话题的喜爱和感兴趣程度，三是了解该材料对不同参与者而言的难易程度。研究发现，材料解释组的测试结果要好于材料概括组。此外，在组间参与者对该材料的喜爱和感性兴趣程度相同的情况下，材料概括组的成员对该方法的便捷性评分明显低于材料解释组。研究人员发现，材料概括组成员的摘要概括的质量有很大的差异。例如，只有64%的人概括出了逻辑谬误的正确定义，只有58%的人记下了诸如例子这样的补充信息。想必你也猜到了，摘要概括出来的补充信息的数量和质量与测试成绩呈显著正相关。也就是说，能概括出更准确的定义、能记录下更丰富的补充信息的学生测试结果更好。虽说摘要概括法的效果取决于个人的操作，但这不代表我们不能使用它。不过，这确实是一个警告和动力，让你可以认真思考一下，自己能做些什么来提高自己摘要概括的能力。下面，让我们来聊聊学生在做摘要概括时常用的工具——荧光笔（剧透预警：这不是一个好工具）。

3.5 马克笔没有魔力，思考才是关键

核心建议07：
要质疑画线法的有效性，少即是多

大多数人在学习时或多或少都会用到马克笔。哈特维格（Hartwig）和邓洛斯基（Dunlosky）在2012年的研究中发现，有72%的参与者在学习时经常用荧光笔或下画线来标记重点。这确实是很直观的好方法，因为记住自己读过的所有内容，既不必要，也不可取，甚至不可能。在学习过程中，重要的是找到重点内容，再对其进行学习理解。因此，确定一篇文章的重点并将其画出来有助于笔记记录。然而，就像摘要概括法一样，关于画线法对记忆有效性的研究结果并不明确。

福勒（Fowler）和巴克（Barker）于1974年进行了一场关于"画线法对记忆力的影响"的研究。研究人员将参与者随机分成三组，要求他们在一小时内阅读一篇关于城市生活的文章。第一组为主动画线组（active highlighting），参与者需要画出他们认为重点的内容。第二组为被动画线组（passive highlighting），参与者阅读的材料是已经被第一组成员画过重点的文本，他们只能被动接受信息，不能自己画重点。第三组为对照组，参与者只进行文本阅读，不需要在文本中画出重点，也不能做任何标记。一周后，参与者返回实验室，先花10分钟重读文本（由第一组画过重点的文本），之后进行多选题（multiple-choice question，MCQ）测试。整体测试结果显示，前两组成员的测试结果与对照组的没有显著差异。前两组参与者的测试结果显示，主动画线组成员的成绩显著高于被动画线组成员的成绩。这并不奇怪，因为主动画线组成员必须通过认真的思考来决定哪些是重点内容，并且画出来；相比之下，被动画线组只是被动接受重点，

没有任何决定权。与摘要概括法一样,画线法的有效性似乎与个人识别重要信息的能力密切相关。

研究表明,在使用画线法时,少即是多。实际上,若个体过度使用画线法,则意味着他的学习在其他方面存在问题,如有不良的阅读习惯。在现实生活中,在书上不怎么画重点会给人一种你的学习不够努力的错觉,而大量画线的书面会让人觉得你学习非常认真;但实际上,这仅仅表明了你画了很多线,涂了很多颜色,并不代表你真的学到了什么。贝尔(Bell)和利姆博尔(Limber)于2009年研究了大学生使用画线法的倾向,以及该方法的有效性。他们发现,阅读能力较差的学生比阅读能力强的学生更倾向于使用画线法。甚至那些结论为画线法有效的研究,也支持了"少即是多"这个说法。尤(Yue)、斯多姆(Storm)、康奈尔(Kornell)和比约克(Bjork)在2015年进行了一项研究,他们将参与者分成两组,并要求参与者阅读美国地质调查网站上的一篇文章。第一组为画线法组,该组参与者需要按照自己以往的学习习惯在文本上画出个人认为的重点。第二组为对照组,参与者只需要阅读文本,不能做任何画线操作。第一遍阅读完成后,参与者需要再读一遍文章,然后做一份问卷调查,对自己的画线法的使用情况进行反馈。一周后,参与者接受一项测试,题干为之前阅读过的内容,但缺少关键词,他们的任务是回忆遗漏的单词。

研究人员在分析结果时得到三个有趣的发现。第一,那些在文本中画线过多的参与者的测试成绩低于那些画线适量的参与者,画线过多的参与者识别关键词的效率低于画线适量的参与者。第二,那些将画线法作为最常用学习方法的参与者比将其他方法作为最常用学习方法的参与者所画出的内容更多。第三,画线法组中常用画线法的学生的测试结果与对照组中常用画线法的学生的测试结果没有显著差异。也就是说,画线法使用倾向强并不代表画线法使用能力强,也不代表画线法带来的学习能力提高多。事实上,只有那些不以画线为目的而使用画线法的人才能从中显著受益。这些结果表明，画线法本身似乎无法带来好处。那些用马克笔画了很多重点、涂了很多颜色，把文本画成现代艺术作品的人，无法从这个过程中受益。反而是那些不那么重视画线法，而是花更多精力思考文本重点是什么和为什么的人受益更多。注意，又出现了"思考"这个词，现在，你发现学习的奥秘了吗？

3.6 善用自我检测提高元认知能力

核心建议08：
自我检测是阅读和记笔记中不可或缺的一部分

  本章读到这里，你可能会有这样一种感受：当谈到阅读和记笔记的建议时，怎么听到的都是让人沮丧的消息呢？我在本章中用大部分篇幅告诉你，最常见的阅读和记笔记的策略并非最佳方法，那支你信赖的荧光笔也不会总是让你的笔记变得更好。知道这些真相固然很好，但知道什么方法效果不佳只是成功的一半。接下来，我们还要看看什么样的方法对学习和记忆有效，以及如何使用它们。现在，我们需要重新回顾在第1章末尾被首次提到的内容——测试效应。第1章提到，研究发现，对学习材料进行反复的测试，即自我检测（或检索练习），比同等时间的重复学习带来的记忆效果更好。本章反复出现的一个主题是，你在思考材料上投入的精力对你记住材料来说至关重要。此外，本章还提到关于详细询问法的研究表明：提问是思考的有力催化剂。因此，不难看出在阅读和记笔记的过程中使用测试效应的基本原理。大量的研究证实了自我检测在帮助个体提高学术记忆力方面的有效性。这方面的研究有很多，感兴趣的读者可参考卡皮克于2017发表的文章。然而，在考虑如何将自我检测融入你的阅读和笔记之前，我们有必要看看一个证明自我检测有效性的研究实例。

巴特勒（Butler）于2010年进行了一系列实验，检验了自我检测法对记忆事实和概念的有效性。实验要求每个参与者阅读六篇材料，每篇的主题不同。之后，实验人员从每一篇文章中提取两类不同的问题对参与者进行提问，第一类是事实问题，如"世界上大约有多少种蝙蝠？"，第二类是概念性问题，如"一些蝙蝠利用回声定位的方式进行导航和定位猎物，回声定位如何帮助蝙蝠判断物体的距离和大小？"参与者需要将材料全部阅读一遍，之后对其中两篇文章进行重复阅读，对另外两篇文章进行相同问题的测试（相同的测试），就最后两篇文章进行答案相同但提问措辞不同的测试（不同的测试）。测试后，参与者均能得到测试反馈。一周后，实验人员通过终试来检测他们的学习效果。在巴特勒的第一个实验中，无论在事实问题还是概念问题上，对学习材料进行自我检测的参与者的成绩都显著优于对学习材料进行重复学习的参与者的成绩，问题表述方式不同不会带来测试结果的显著差异。实验人员在终试中加入了推理类问题，参与者需要写出某个知识点的相关应用。例如，有关回声定位文字材料的推理问题是"一只昆虫正向一只蝙蝠移动，蝙蝠如何利用回声定位确定昆虫的位置？"。在回答这些推理问题时，进行过自我检测的参与者的表现也明显优于重复学习文本的参与者。

在第二个实验中，巴特勒想要排除参与者学习时长对自我检测优势的影响。这很有必要，因为当参与者通过自我检测来学习时，问题直接指向了相关信息；相反，当学生使用重复学习的方法时，他们必须通读文章找寻相关信息。于是，巴特勒增加了一个学习条件，让学生在阅读那两篇需要重复学习的文章时只阅读终试会考到的部分，从而达到公平竞争的目的。结果再一次显示，无论在事实问题还是概念问题上，对学习材料进行自我检测的参与者的成绩都显著优于对学习材料进行重复学习的参与者的成绩。参与者仅对考点进行重复学习所考得的成绩并不比对整篇文章进行重复学习所考得的成绩好。

在第三个也是最后一个实验中，巴特勒想要确定通过自我检测所学到的知识是否可以被转移到一个新的、但相关的学科领域中，他通过在终试中增加迁移性问题来进行研究。例如，其中一篇文章阐述了蝙蝠和鸟类翅膀结构的优点和缺点，迁移性问题是"蝙蝠和鸟类的翅膀结构如何影响战斗机机翼的设计？"。结果发现，进行过自我检测的学生获得了最高的分数。巴特勒全面论证了自我检测是一种有效的学习方法，他的研究还告诉人们一个非常重要的事情——即使测试的考题与自我检测的试题不同，也不会推翻实验结果。而且，自我检测的效果不仅限于事实类知识和概念类知识，也有利于知识向新领域的迁移。那么，它的运行机制是什么呢？

自我检测之所以有效，一个主要原因是它对元认知产生了影响。我在第1章提到过，有效学习取决于能够准确判断自己的"所知"与"不知"。但实际情况比听起来的要复杂，因为我们对自己知识能力的判断并不总是清晰的；相反，它们会受主观信心水平的影响，让我们用一个例子来说明这一点。在一次多选题考试后，你立刻做了一件所有学者都告诉你不能做的事：和你的同学对答案。同学问你最后一道题的答案，你说最初你感觉答案是"B"，但因为选项"D"与你产生了更多的共鸣，于是选择了"D"。你的同学马上表现出得意的神情，告诉你应该跟着直觉走，因为"B"绝对是正确的回答。在这个例子中有一个需要我们注意的地方，你的答案有可能正确，但你不确定，而不确定性会带来本可以避免的错误。测试就可以解决你的不确定，以及你坚信正确的错误。

巴特勒、卡皮克和罗伊迪杰（Butler，Karpicke & Roediger III，2008）通过几个简单的实验证明了自我检测能够纠正个体对自己"知与不知"的元认知判断。在第一个实验中，第一组为实验组，参与者接受一个关于常识的多选题测试，其中50%的试题提供答案反馈，另外50%的试题不提供反馈。第二组为对照组，参与者不做任何测试。实验组的参与者必须答完所有题目，并且在每答完一道题后用数字表示他们对答案的信心程度。对于有答案反馈的那 50% 的题目，参与者会在答下一题之前看到正确的答案。没有答案反馈的题目的答题时间与有答案反馈的题目的答题时间相同。测试结束 5 分钟后，参与者进行终试，终试包括多选题测试中的 40 个题目和 20 个之前未测试过的问题。结果在意料之中，正确率最高的题目是给过答案反馈的题目，而且之前答错的题目也因答案反馈而得到了纠正，并在终试中回答正确。当实验者检验有答案反馈和信心程度之间如何相互作用时，他们有了一个重要的发现。相对于没有答案反馈的情况，参与者在终试中回答那些自己信心不足但是得到了答案反馈的题目的正确率提高了一倍。巴特勒等人为得到更多的结论重复了这个实验。这一次，他们要求参与者在第一次测试和终试中均对自己给出答案的正确性进行信心评估。除此之外，他们还将第一次测试和终试间的间隔从 5 分钟延长至 2 天。这一次的实验结果与第一次一致，而且他们还发现，答案反馈能够提高参与者对答案的信心程度的准确性。也就是说，当参与者在第一次测试中对自己给出的答案信心不足时，答案反馈能够增加他们在终试中回答相应问题的信心。带反馈的自我检测可以让人更准确地判断自己知道什么、不知道什么，也就是说，它提高了个体的元认知能力。

遗憾的是，尽管自我检测是提高元认知能力的好方法，但是它并没有成为大家首选的学习策略。第 1 章中提过，一些调查发现，不那么有效的重复学习是人们首选的学习方法，与重复学习相比，学生不愿意进行自我检测。这意味着，对许多学生来说，他们关于学习的元认知信息的主要来源是考试成绩。这太少了，也太迟了。难怪学生一说到考试就很紧张，解决这种心理问题的诀窍在于，不要把考试看作是一种外界评估你学习能力的正式检验，而是把它看作学习过程中很寻常的、不那么正式的一件事。下面，我来介绍一些方法帮助大家实现这一点，方法包括阅读的方法、记笔记的方法，以及我们之前讲过的详细询问法和摘要概括法。

3.7 3R学习法：阅读，背诵，复习

一旦你开始将考试视为盟友而不是敌人，你就可以掌控它，并将其融入你的学习。我给你介绍一种方法，你可以用它将自我检测不知不觉地结合到你的阅读过程和笔记记录过程中：阅读（Read）、背诵（Recite）、复习（Review）方法（简称3R学习法）（McDaniel, Howard & Einstein, 2009）。这种方法的精妙之处在于，它便于操作。麦克丹尼尔等人通过两个实验来检测这个方法的有效性。在第一个实验中，研究人员将参与者分成三组，并且要求他们学习一些有教育意义的文章。第一组为重复学习组，参与者需要将所有文章阅读两遍。第二组为笔记记录组，参与者需要将所有文章阅读两次，阅读的同时在另一张纸上记笔记。第三组为3R学习法组，参与者需要将所有文章阅读一遍，然后背诵尽可能多的内容并录音，之后再读一遍所有文章。完成所有操作后，参与者会进行3分钟分散注意力的任务（如心算），之后接受一项测试来检测他们立即回忆材料的能力，并在一周后再次进行测试。测试结果发现，3R学习法组的参与者对文章的回忆能力显著优于重复学习组和笔记记录组。在第二个实验中，研究人员也得出了相同的结论。第二个实验的测试材料不仅包括简单的事实信息，还包括文字段落和工程图表。研究人员对参与者进行了回忆信息和回答推理问题两种测试，其中推理问题要求参与者运用所学知识解决问题。这个实验再次证明，使用3R学习法的参与者，其表现优于笔记记录组和重复学习组的参与者。特别值得注意的是，研究发现，使用3R学习法学习比使用笔记记录法更节省时间。这里推荐给大家一个3R学习法改良版，其主体步骤与3R学习法相同，细节上有一些小改进，请认真读下面内容。

第一步：阅读，但是先决定你想从阅读材料中得到什么。

阅读前，先想好你想从材料中读到什么。例如，你想学习某个理论，这就是你的阅读目的。这个建议人人都知道，但是说实话，有多少次你把导师推荐的文献从头读到尾，却没有特定的目的，仅仅为了一个"学点什么"的说辞？你为什么这么做呢？如果你从来不在阅读材料时思考，那你无法得到任何信息，因为你的阅读漫无目的。

我想说，先好好思考你想从这本书中获得什么，这样你就可以在读书的过程中审视书中内容是否符合你的目标，并专注于最重要的部分。在决定想从阅读材料中得到什么之后，下一步就是开始阅读。

第二步：背诵，但要写下来！

在阅读之后，把阅读材料拿开，然后尝试背诵。通过这一步，你能将自我检测有机地融入你的学习之中。这能够帮助你将那些容易掌握的信息块，而不是将一些"硬骨头"储存在记忆中。大概只有真正的受虐狂才会试图去背诵整本书吧。我建议你通过背写而不仅仅是口头背诵来帮助自己记忆材料，来听听我的理由。首先，我们在前面章节说过，正确地记笔记对记忆很有效，将自我检测融入记笔记的过程中也是一个不错的办法，因为这个过程利用了详细询问法和摘要概括法。第二，将自我检测的过程记录下来也有益于提高元认知能力。在3R学习法中的复习阶段，当你试图确定你的知与不知时，背写能够帮助你将自己知道的内容和原始材料进行对比，然后，你可以利用这些信息来重新聚焦你的学习，并完善你的笔记。最后，将你背写下来的内容整理成笔记，这就自然而然地避免了逐字逐句记笔记的无效做法。此外，将学到的知识转换成自己的语言能迫使你深入思考，从而有利于清晰表达。

第三步：复习，并且根据信息采取行动！

在复习阶段，你需要将笔记与原始材料进行比较，并思考是否得到了你最初提出问题的答案。如果是，你得到的答案准确吗？你很有可能并没有找到准确的答案，那么给自己一点鼓励吧！但是有一点是值得肯定的，现在的你对自己学习状态的感知（即你的元认知能力）是基于证据而不是猜测了。当你更加明确自己的知与不知后，就可以调整未来学习的努力方向，完善你的笔记了。你还可以不断重复3R学习法的过程，直到你的笔记回答了你在阅读前所提出的那个问题，并且忠实地反映了阅读材料。正如我们从巴特勒、卡皮克和罗伊迪杰（2008）的研究中所看到的，在测试过程中给反馈，并且学习正确的反馈内容，不仅对提高记忆水平有益，还可以让你精炼笔记，巩固你所学的重要知识。

我知道3R学习法听起来比重复学习更有效。然而，事实未必如此。迪金森和奥康奈尔（Dickinson & O'Connell，1990）分别对一组学习成绩优秀和学习成绩一般的学生的学习总时间进行了调查统计，他们发现，两组学生每周在学习上的时长差异只有一个小时，且两组人在阅读和复习上投入的时间差不多。然而，他们的不同之处在于，学习成绩优秀的学生将时间更多地花在用自己的语言解释材料、建立概念之间的联系及思考例子上。事实上，优等生之所以成绩优异，并不是因为他们学习的时间更长，他们只是把更多的时间花在主动地、深入地理解材料上，而不是被动地、表面地回顾材料上。

本章小结
不要重数量，而是重质量

在本章初始，我曾说过，记忆的工作机制与照相机不同，无法在按下"快门"的同时就储存所有信息。记忆是建构的，不是复制的，所以你需要在学习过程中主动思考，做个积极的参与者而非被动的接受者。下面，让我们回顾一下要做与不要做的事情。

- 不要只是重复学习。这条建议中最重要的一个词是"只是"。重复学习本身没有问题,只是不要将其当作主要的、甚至唯一的学习方法,不要过分依赖它。简单的重复学习对记忆知识没什么作用。

- 要使用详细询问法。通过思考对材料提出问题是记忆的有力催化剂。试着把注意力集中在那些需要解释的问题上,并努力从学习材料中找到信息,解释问题。

- 不要逐字逐句记笔记。笔记法的价值来自你从文本中提取的内容。被动地抄写文本不仅没有重复学习的效果好,还会让你付出更多劳动。

- 要概括主要信息,但在你对照原文前,不要假设你的总结准确且全面。在摘要概括时并不是概括得越少越好,摘要概括法是否有用与被捕捉到的信息是否重要和准确有关。

- 不要盲目使用画线法。画线法并不能帮助你记忆信息。画出的信息越多,效果越差。该方法的有效性来自学习过程中的思考——思考应该画出哪些信息以及为什么画出这些信息。

- 要在学习过程中广泛使用自我检测(检索练习)。测试不仅是你评估学习情况的工具,也能促进和指导你的学习。如果没有从自我检测中提高元认知能力,你就不能有效地辅助之后的阅读和笔记记录。

- 要用类似 3R 学习法这样的方法。将详细询问法、摘要概括法、自我检测法有机地融入你的阅读和记笔记的过程中:有目的地阅读,写下你能回忆起的内容;将你的笔记与原始材料进行比较,然后利用这种比较来指导下一次学习。重复这个过程,直到你的回忆和你的笔记都是你自己对学习内容的理解。

也许上面的一些建议对你来说有点颠覆观念,也许直到现在你还认为自己是重复学习法和画线法的坚定拥护者,肯定会有很多人跟你一样!因为之前的研究发现,很多学生依赖重复学习这样的无效学习方法(Gurung,2005)。我知道,将系统的自我检测融入学习或许不是你希望听到的建议,但我依旧努力通过科学研究的结论去说服你。为了鼓励你尝试这些建议,我将以一个爱因斯坦的研究来结束本章。

爱因斯坦、木利特和哈里森(Einstein,Mullet & Harrison,2012)进行了一项关于自我检测法的研究,他们让一些大学生阅读一系列文章。一组大学生使用重复学习法阅读,另一组大学生使用自我检测法阅读,两组学生需要评估自己学得有多好。开始,这个实验一切都很正常,然而之后爱因斯坦等人就这些文章的内容对参与者进行了令人出人意料的测试。和往常一样,使用自我测试法的学生在内容记忆上表现更好。然而,他们还发现,不管使用哪个方法,学生对自己测试结果的判断是一致的。这就是扭转局面的地方。实验结束后,研究人员让参与者分析实验的数据,将此作为他们一门实验课的任务,这样他们就可以亲眼看到自我检测法的有效性。在学期结束时,研究人员要求学生汇报自己在一个学期中使用自我测试法的频率的变化。82%的学生报告,自从知道实验结果后,他们在学习中使用自我检测法更频繁了。至于另外的18%的学生,我想他们可能是为研究人员让他们做统计分析而生气吧。

第 4 章

温故知新
有效的复习是锦上添花

清理一些错误的想法

对于要做的事情,我们必须先学习,然后再做。

——亚里士多德

核心建议 01：
学习的方法比意愿更重要

如果你直接跳到了这一章，希望通过学习这一章来了解本书的内容，我劝你再好好想想。在你的复习方法论中，你会犯的最根本的错误可能就是认为复习与学习的过程是分离的。然而，没有任何复习能够帮你弥补之前没学的内容，复习的目的是巩固你所学的知识。有效的复习需要理解元认知对学习的重要性（第 1 章），需要知道如何避免拖延（第 2 章），需要知道如何有效地阅读和记笔记（第 3 章）等。如果你的学习方式不够有效，那么复习会成为一项更难、更令人沮丧的任务。本书前几章给出的建议不仅适合直接用于复习上，也应该是你往下阅读之前要学习的内容。

你可能会认为，本书讲到这里应该停止宣扬有效的学习方法的益处了。这个时候谈谈考试肯定能增强你学习的动力，从而弥补你在学习方法上的不足吧？听上去不错，但这一观点在很久以前就被一项有关记忆的经典研究推翻了。海德和杰金斯（Hyde & Jenkins，1969）将第 3 章提到过的克雷克和图尔文（Craik & Tulving，1975）的记忆加工层次实验进行了改版。他们将参与者分成两组并要求他们记忆一组单词，视觉（浅层）处理组的参与者需要回答单词表上的每个单词是否包含字母"e"，语义（深度）处理组的参与者需要根据单词的愉快程度给列表中的每个单词打分。研究人员分别只告知每组一半的参与者一会将进行单词回忆能力的测试，因此有一半的参与者带着参加测试的目的来看单词表。另一半参与者没有被告知要进行测试，因此这些参与者没有明确的学习意图，看得并不认真，没有做好参加测试的准备。

实验发现，学习意愿对参与者的记忆能力没有显著影响。而真正影响参与者单词记忆水平的是他们对单词信息的处理方式——视觉（浅层）

处理还是语义（深层）处理。正如预期的那样，对单词进行语义（深度）处理的参与者记忆效果更好。这可以很清楚地说明：考试可能会增强你学习的意愿，但考试成绩由你在学习中采取的方法决定。无效的方法不会因为你认真使用它们而变得有效，相反，即使你没有刻意使用，有效的方法始终有效。本章的目的是提供给你一些关于复习的实用性建议，告诉你如何调整你的复习方式，以巩固和运用你所学到的有效学习方法。也许这一章里的建议不会使你的复习变得更容易，但是，在阅读完这一章之后我希望你能相信：在复习（和一般的学习）时，简单和有效并不是同义词。

4.1 旧事如新：死记硬背的恶果

我知道你一定有过这样的痛苦经历：考试前一天的晚上 11 点喝着浓缩咖啡，疯狂背诵（死记硬背）考试重点。更令人烦恼的是，尽管已经经历过很多次这样的折磨，但相似的事情依旧会发生。有研究表明，大学生经常使用死记硬背法进行复习（McIntyre & Munson, 2008）。回想一下你上次通过死记硬背准备的考试，成绩如何？你肯定会惊讶，有证据表明，死记硬背并不一定是一种完全无效的学习策略，至少对短时记忆来说是有效的（Simon & Bjork, 2001）。所以，也许死记硬背并不是一件坏事？你应该忍受短暂的压力和困难，继续这样做？在你做决定之前，我有两个问题要问你。首先，你死记硬背过的东西还能记住多少？其次，你真的尝试过另一种方法吗？

核心建议 02：
间隔复习比死记硬背更有效

关于死记硬背的研究可以追溯到一个多世纪前心理学先驱之一赫尔

曼·艾宾浩斯（Hermann Ebbinghaus）的开创性研究。别紧张，我不会在接下来的部分对这一领域的历史进行完整的叙述，我们只是看几个亮点。艾宾浩斯是第一个将分布式学习（distributed practice，或称间隔时间学习）和集中学习（massed learning）进行比较的人。他证明了分布式学习的记忆效果要优于集中学习的记忆效果，这一发现成为认知心理学领域中最有力和最完善的发现之一，被称为间隔效应（spacing effect）（Küpper-Tetzel，2014）。

研究人员热衷于用间隔效应做研究，并检验它是否也能搭配其他学习方法，从而起到更好的效果，而不仅仅是提高背诵效率。例如，间隔效应是否也能提高测试效应（即自我检测）在学习中的效益？这种可能性衍生了一个额外的问题：自我检测之间的最佳时间间隔是多久？是等量的时间间隔更好还是连续增加的时间间隔更好呢？兰德尔和比约克（Landauer & Bjork，1978）对这个问题的研究后来成了间隔自我检测研究中的里程碑。在兰德尔和比约克的第一个实验中，参与者需要先接触若干个人名卡片（即姓和名的配对），这个过程是学习过程。学习过程之后是练习过程，在整个练习过程中，每个姓名会出现3次；练习的方式是，每个姓名中的姓或名会缺失，参与者需要回忆出完整的名字，他们在这个过程中使用检索练习法来将姓名提交到记忆中。在每两次练习间隔中，参与者会看到一些其他姓名，研究人员通过改变其他姓名的数量来控制练习之间的时间间隔。所有参与者被分成3个组：对照组的成员不进行任何姓名练习；等间隔练习组的成员会在每出现5个其他姓名后接受练习；递增间隔练习组的成员接受练习的间隔递增，分别在出现1个其他姓名、4个其他姓名和10个其他姓名后进行一次练习。等间隔练习组和递增间隔练习组的测试过程总时间相同，只有间隔的长短不同：等间隔与递增间隔。测试过程结束的30分钟后，对参与者姓和名的匹配记忆情况进行终测。正如预测的那样，等间隔练习组和递增间隔练习组的参与者比对照组的参与者明显记住了更多的姓和名配对，递增间隔练习组的成员对姓和名配对的记忆情况比等间隔练习组的成员好。之后，兰德尔和比约克重复操作了这个实验，不同的是，这一次使用姓名和面孔进行匹配。

接下来几十年的文献几乎一致认可间隔练习是一种有效学习方法（Cepeda, Pashler, Vul, Wixted & Rohrer, 2006）。然而，等间隔练习与递增间隔练习的比较研究出现了不一致的结果。卡皮克和罗伊迪杰三世（Karpicke & Roediger III, 2007）复制了上面兰德尔和比约克的基本实验设置，不过他们是将词汇间的匹配进行练习，而不是姓与名或名与脸的匹配。另外，他们分别在实验的10分钟后和两天后进行了终测。他们发现在10分钟后进行终测的结果中，递增间隔练习组的成员比等间隔练习组成员的记忆效果更好。然而，在两天后进行终测的结果中，等间隔练习组成员比递增间隔练习组成员的记忆效果更好。

相信你已经注意到了，以上两个实验都涉及对成对刺激的记忆，但这不是你需要为考试而背诵的那些内容。一些研究也探究了对文本中事实信息的记忆。例如，卡皮克和罗伊迪杰（Karpicke & Roediger, 2010）做了另一个实验，参与者先是阅读几段文字，之后被分成两组。检索练习（自我检测）组的成员在阅读后需要进行3次检索练习，对照组的成员在阅读后不需要进行任何练习。研究人员又将自我检测组成员分成了两个小组：一个是等间隔练习组，另一个是递增间隔练习组。他们还控制了参与者在每次练习后是否能得到练习反馈，并在自我检测结束的第4分钟和一周之后对参与者进行终测。在终测中，所有参与者需要写下他们能回忆出的尽可能多的文本。结果显示，间隔练习较不复习相比能显著提高事实信息的记忆能力；在自我检测中得到反馈的参与者比没有得到反馈的参与者记忆效果更好；进行等间隔练习的成员和进行递增间隔练习的成员，其终测成绩无显著差异，且这两种方法都能提高文本在大脑中的长期留存率。

核心建议 03：
增加记忆时间间隔在复习相似内容上有帮助

那么，你是否应该放弃延长两次练习间隔时间的想法呢？并不是。你对知识的记忆不仅会受到学习和考试之间时间流逝的影响，还会受到你在这个时间段内所做事情的影响。你有过以下经历吗？你正在研究一个主题的一个方向，突然转向研究该主题的另一个方向，然后意识到你根本不记得之前读过的内容了？如果是这样，那是因为你受到了回顾性干扰（retrospective interference）的影响，即你当前的学习干扰了你对之前学习内容的记忆。有研究人员认为，之前的实验之所以没有得出递增间隔练习优于等间隔练习的结论，是因为实验中没有考虑干扰产生的影响（Storm & Bjork，2010）。于是，斯多姆和比约克在实验操作中给参与者的练习间隔中安排了一个与学习任务完全无关的分心任务（如阅读或观看不相关的内容）。斯多姆等人推断，如果每个练习间隔中都有一个干扰任务，那么参与者很容易将学过的材料遗忘，在这种情况下，递增间隔练习的好处将凸显出来了。为了验证这一假设，他们首先进行了一项实验来验证卡皮克和罗伊迪杰的实验（上一章提到的研究）结果。该实验与卡皮克和罗伊迪杰的实验类似，参与者被分成等间隔练习组和递增间隔练习组，并学习一段文本，在两次练习的间歇中，他们需要阅读一篇其他主题的文章。一周后，参与者接受终测，评估他们对这些材料的回忆。与卡皮克和罗伊迪杰的研究结果一致，斯多姆等人发现，等间隔练习组成员和递增间隔练习组成员对信息的记忆情况没有差异。随后，他们改变了实验条件并且再次进行实验，这次参与者被要求在两个练习间隔期间阅读的内容与实验中学习的内容为相似的话题。研究人员通过增加主题之间的相似性来增加回顾性干扰发生的概率。换句话说，参与者现在比较容易遗忘学习材料。实验结果显示，递增间隔练习组成员的回忆能力强于等间隔练习组成员两倍左右。研究人员得出结论，随着个体在学习时受到的干扰加大，递增间隔练习效果就更明显。

到目前为止，你已经了解到间隔学习比死记硬背更有效。但这并不代表死记硬背本身不起作用，它只是没有间隔学习那么有效。另外，通过死记硬背记忆的信息通常寿命很短，所以如果你想要在考试后还能记住知识，那么死记硬背并不是一个理想的方法。也许正是因为死记硬背在短期内有效并且操作方便，才让人们误以为这是一种很好的复习方法。然而，人们自己的想法和现实往往不同，我们对死记硬背法的积极态度可能也反映了这样一个事实：复习开始得太晚，已经无法用其他方法了。如果我们已经使用死记硬背法，却还以一种消极的态度去看待它，就会降低我们的考试信心。心理学家称之为事后合理化（post-hoc rationalisation）。有研究表明（Toppino & Cohen，2010），当让人们在临时抱佛脚地死记硬背和间隔练习之间作出选择时，人们倾向于选择后者。你可以从中得到的启示是，给自己一个选择——提前计划复习，利用好间隔效应，顺利通过考试。关于这一点，你可以快速回顾一下第 2 章中关于避免拖延的一些建议。

在计划你的复习间隔时，无须花费太多精力去寻找最佳间隔时间。有研究表明，复习间隔时间没有一个最佳的数字（Cepeda, Vul, Rohrer, Wixted & Pashler, 2008），制定一个简单的复习计划就足够了。间隔的数量不要太少，如果在考试前三周，你有 12 个小时的时间来复习一个话题，那么将 12 小时分成 6 个 2 小时比用 2 个 6 小时进行复习更好。间隔时间不要太短，不要让知识太容易被回忆起来。阅读一分钟后就复习，记忆效果肯定很好，这会让你产生一种你已经记住了的错觉。将间隔学习与自我检测结合起来，不但可以对学习产生叠加的积极作用，还可以通过自我检测对自己的学习效果进行反馈——更好地判断自己复习的进度。最后，在学习一系列相似的内容时，增加复习的间隔时长是个好主意，这样做有助于消除相似材料之间的记忆干扰。再次强调，不要纠结间隔时长的增加幅度，把从自我检测中得到的反馈作为你设计学习间隔的基础。

4.2 利用环境：相对中的相对

核心建议 04：
交叉学习可以帮助你区分和记忆相似的材料

我们已经讨论了如何分配你的复习时间。然而，关于递增间隔练习和记忆干扰的文献暗示了另一个在复习时需要考虑的问题：如何分配你的复习内容。复习内容包括主题、术语、概念、原则等。例如，如果我们正在复习一篇有关增强记忆技巧的论文，可能会遇到以下术语：详细阐述、自我检测、分布式学习和摘要概括。广义地说，我们可以通过两种方式来学习这些术语：阻断（blocking）学习和交叉（interleaving）学习。在使用阻断学习法时，我们将每个概念的重要信息作为一个整体进行学习。例如，先学习一个术语的定义，再学习一个它的例子，接下来学习证明其有效性的研究。在完成一个术语的整体学习之后，我们再使用相同的方法依次学习其他术语。在交叉学习中，我们需要根据问题或主题同时对不同的术语进行学习。当我们使用交叉学习法来学习增强记忆这个话题时，我们需要在不同的术语之间转换。例如，我们可以先学习详细阐述、自我检测、分布式学习和摘要概括的定义，再去了解每个术语的例子，最后依次学习证明每个术语有效性的证据。在认知心理学中，阻断学习法与交叉学习法的效能是一个很新的研究方向。然而，相关研究开始表明，交叉学习法是一种有效的学习方法，特别是在学习相似的概念、术语、规则或技能时。

康奈尔和比约克的一项研究证明了交叉学习法的有效性（Kornell & Bjork，2008）。在这项研究中，参与者需要做一项具有挑战性的任务，即学习区分一些艺术家风格之间的微妙不同。在其中一项实验中，研究人员将参与者分成两组——阻断学习组和交叉学习组；之后向他们展示来自6位画家的36幅画作（每位画家展示6幅画作），每幅画上都有作者的名字，这个阶段是学习阶段。阻断学习组的成员先看到来自第一位画家的所有6幅画作，然后再看下一位画家的6幅画作，以此类推。交叉学习组的成员先看到来自第一位画家的第一幅画作，然后是第二位画家的第一位画作，依此类推，直到他们看完这6位画家的全部画作。在两组参与者观看完所有画作之后，他们会接受一项分心任务——心算。最后，他们会进行一场终测：参与者会看到这些画家的其他作品（他们之前没有看过），并将每个作品与这6位画家进行匹配。结果发现，交叉学习组的成员匹配正确率更高。

乍一看，康奈尔和比约克的实验有点深奥，或者只适用于美术专业的学生。然而，使用艺术品来展示实例学习在记忆上的应用是一个好方法，心理学家称之为归纳学习（inductive learning）。这是一个重要的学习方法，尤其是在区分乍一看上去很相似的事物时。在上述研究的学习阶段，为了记住每幅画所对应的画家，参与者必须根据每个艺术家的画作风格（例如，他们对颜色的选择，他们的笔触的粗犷程度等）进行区分和记忆。参与者在观看每位画家的作品时，实际是在利用交叉学习法学习如何区分不同类别的信息。当你在学习几个相似的概念时，对概念进行交叉比较可以帮助你更容易地看到其中的差异，从而快速记忆信息。

你可能已经注意到了交叉学习法和间隔法之间的重叠：在使用交叉学习法时会涉及对间隔法的使用。如果你想要使用交叉学习法学习三个术语，那么你需要依次学习第一个术语的定义、第二个术语的定义、第三个术语的定义、第一个术语的例子、第二个术语的例子、第三个术语的例子……在这种情况下，你对同一个术语的学习会很自然地被你对其他两个术语的学习间隔开。相反，阻断学习法一般不会受到间隔效应的影响。因此，你可能会想，交叉学习是否比间隔学习效果更好？对此，康和帕什勒给出了解答（Kang & Pashler, 2012）。他们在康奈尔和比约克的研究操作基础之上，给阻断学习组中不同画家的画作中间穿插了一幅不相关的漫画。这一举措意味着，阻断学习组和交叉学习组的参与者都能受到间隔效应的影响，两组间任何性能差异都是源于交叉学习法的额外影响。果然，在研究的终测中，与阻断学习组的成员相比，交叉学习组的成员的"画家—画作"匹配效果更好。

尽管交叉学习法是一个相对较新的研究领域，但关于它的研究正在不断产生积极的结果（Carvalho & Goldstone, 2014）。在复习的时候，你当然可以尝试这个方法，但是如何使其发挥最佳效果，我有一些建议。交叉学习法似乎会把你的注意力导向寻找差异上，因此，你可以使用它来学习相似的概念。即在需要努力区分概念时，交叉学习法是最有效的。另外，交叉学习法对信息分类也很有效。相反，阻断学习法会让你的注意力集中在寻找相似点上，所以更适合用于学习那些容易区分的概念，或者已经分好类别的内容（Carvalho & Goldstone, 2015）。与间隔法一样，使用交叉学习法时，建议你用自我检测来衡量学习效果。也许在刚开始使用交叉学习法时，它没有那么有效。确实有研究表明（Rohrer & Taylor, 2007），使用交叉学习法的人在自我测试时分数不高，但在随后的终测中能够实现分数的反超。这反映了一个事实，即人们经常将学习过程中出现问题这件事误以为是使用了无效的学习方法（Soderstrom & Bjork, 2015）。但是，这样的错误对学习是有帮助的，因为这可以帮助人们衡量自己的短期表现从而确定自己的问题，并且及时改进。正如老话所说：如果彩排不顺利，那么首演之夜就会很顺利。尽管如此，研究也表明，人们坚持认为阻断学习法比交叉学习法更有效，即使他们最终的测试结果表明并非如此（Kornell & Bjork, 2008）。这可能是因为人们将"易于执行"与"效率高"相混淆。当然，与死记硬背、集中学习（massed learning）相似的内容确实比利用间隔法分配学习内容、利用交叉法学习相似的概念，以及利用检索练习法评估学习效果困难得多。但是，选择复习方法就像去健身房：你需要出点汗才能让它真正发挥作用。间隔学习、交叉学习和检索练习等方法可以帮助你用一些短期的痛苦换取大量的长期收益（Bjork, 2011）。

核心建议05：
在学习环境中营造考试的氛围，助你提高记忆力

到目前为止，我们已经讨论了如何通过控制学习时间和学习内容来加强复习，那么我们又该如何控住学习环境呢？对此，戈登和百得利（Godden & Baddeley, 1975）进行了一场里程碑式的研究，探究了环境对记忆的影响。促使他们进行该研究的动力不是来自心理学，而是来自一项水下生物技术研究。在这项研究中，潜水员报告：当他们回到陆地上时，很难回忆起在水下学到的东西（Egstrom, Weltman, Baddeley, Cuccaro & Willis, 1972）。艾格斯多姆等人认为，这极有可能是由于学习过程和回忆过程发生的环境之间有差异，而不是因为水下环境不利于学习。戈登和百得利认为，分别在水下或陆地上学习是研究环境对记忆影响的理想方式，因为这两种环境之间的差异非常明显。他们进行了一个简单的实验，实验中潜水员被要求分别在陆地上和水下学习单词，随后在这两种情况下尝试回忆单词。在环境一致组，学习过程和回忆过程发生在相同的环境中（例如，学习和回忆都发生在水下或陆地上）；在环境不一致组，学习过程和回忆过程发生在不同的环境中（例如，学习发生在水下，回忆发生在陆地

上；或与之相反）。实验结果表明，学习单词的环境本身并不重要，重要的是学习环境和回忆环境之间的一致性。在水下学习单词的潜水员在水下测试时比在陆地上测试时能回忆起更多的单词，反之亦然。

戈登和百得利的实验为心理学家所说的"情境依存性记忆"（context dependent memory）提供了一个确凿的证据：当环境特征与信息一同被编码时，这种记忆就会产生。当个体在未来某个时刻再次遇到类似的环境特征时，这些特征就会作为线索唤起个体的记忆。在过去40多年里，情境依存性记忆已经被广泛地研究和证明（Isarida，2014）。这是否意味着从现在开始，你必须在与考试相同的环境下复习呢？幸运的是，答案为否。目前，尚未有证据证明学习环境与考试环境的一致性能带来优秀的考试成绩。随后的研究也表明，当在学习过程中出现更优质的线索时，环境对记忆的帮助便处于次要地位。例如，当学习内容的意义丰富或学习时间加长（Isarida & Sakai，2012）时，即使当下学习环境一般，依然能够保证学习者达到一定的学习效果（Smith & Vela，2001）。简单地说，当你学习或参加考试时，材料对你的影响比环境更突出（前提是你不是在马戏团学习）；相较于环境，材料是更好的记忆线索。

放轻松，我很确定将学习环境全部照搬到考场也不会给你带来太大的益处。不过，这并不意味着对情境依存性记忆的研究毫无收获。学习环境和考场环境在一些关键方面一致依然能够给你带来益处，如环境中的一个重要变量——噪音，相信你一定希望你的学习环境和考试环境有相同的环境噪音（ambient noise）。格兰特等人（Grant et al.，1998）进行了一项研究，他们将参与者分成两组：安静环境学习组和噪音环境学习组（噪音来自录有食堂午餐环境噪音的磁带）。研究人员要求所有人先学习一篇学术文章，然后进行简答题和多选题测试以检测他们对文章的理解。测试的环境中充满噪音，这些噪音条件要么与噪音环境学习组在学习过程中听到的噪音一致，要么不一致。结果表明，与戈登和百得利的研究结论一样，有无噪音本身并不影响考试成绩，影响考试成绩的是学习环境和测试环境的一致性。那些在噪音环境中学习但在安静环境中测试（反之亦然）的参与者，他们的测试分数比那些学习和测试的噪音环境相同的参与者更低。所以，带着这个研究结果去告诉与你一起学习的人保持安静吧！如果他们不理睬你，也不要试图通过音乐来掩盖周围的噪音，并不是说在学习的时候听音乐就一定是一件坏事，前提是你在考试的时候也能听音乐；然而不幸的是，考场不允许你这么做。这或许可以解释为什么有学者发现，学习时听音乐是与考试成绩呈负相关的学习习惯之一（Gurung，2005）。

核心建议06：
自我检测的好处可以在不同的测试形式中发挥作用

到目前为止，我们已经得知不同学习主题之间的关系会影响学习效果，学习环境和考试环境之间的关系也会影响学习效果。那么，学习方式和考试形式之间的关系如何呢？以我在这本书中一直提倡的自我检测为例。自我检测形式与考试形式之间的关系重要吗？恩德瑞斯和雷克尔（Endres & Renkl，2015）对这个问题进行了研究，并试图揭示测试效应的工作原理。在他们的实验中，参与者需要先阅读三篇学术文章，之后以三种不同的方式分别学习它们。第一种方式是自由回忆练习，参与者在读完文章后需要凭借记忆写下尽可能多的文本内容。第二种方式是简答题练习，参与者需要在读完文章后回答关于文章的一系列简答题。第三种方法是重复学习，参与者只需要再次阅读文本，而不进行任何形式的练习。在学完每一篇文章后，参与者需要评估出他们认为学习这3篇文章分别需要的脑力劳动值（分值从0到100%）。一周后，他们接受每一篇文章的自由回忆测试和简答题测试。结果表明，两种形式的练习都比单一的重复学习能更好地帮助参与者回忆文本。他们还指出，自由回忆练习形式的测试效果和简答题练习形式的测试效果之间没有显著差异。另外，自我检测形式与最终考试形式的一致性并不影响测验效果。而且，关于测试效果的文献均给出了这样的结论（Karpicke，2017）。因此，你无须过分担心日常学习方式与考试形式不匹配，也无须执着于自己应该用什么学习方式。关键在于，你要进行自我检测，及时给自己反馈，并利用这些信息来提升你的学习效果。

4.3 通过改造磨难来战胜磨难

核心建议 07：
你必须提前了解考试形式，并做好准备

上一节说到，学习形式和考试形式的一致性似乎对你的回忆能力影响不大，但这并不是说你在复习的时候不用考虑考试形式。目前关于自我检测的研究有一个局限，那就是最终测试参与者学习效果的形式通常是以简答题、选择题或填空题为主的测验，参与者很少被要求写一篇论文。在实验中不使用论文作为测试是完全可以理解的。毕竟，很少有人会自愿参加一项需要写文章但没有很多报酬的实验（反正我不愿意！），而测验则可以简单地通过分数来量化学习。虽然研究人员也可以给论文进行评分，但一篇文章的分数反映的不仅仅是参与者对知识的掌握，也反映了对知识的应用和表达能力。因此，参加以写论文为主要形式的考试很重要。这样的考试往往要求你不但具有相应的学科知识和技能，还要求你具备超越这些能力之外的能力。是的，恐怕这句话的意思与你想的一样：你需要多加练习！

一些学者很好地解释了为什么写作练习能帮助你了解自己写作考试的准备状态（Curcio，Jones 和 Washington，2007）。首先，写作练习可以帮助你思考自己还没发现的写作上的问题。第二，写作练习可以促进你运用已有知识来回答问题，从而降低在考试时被一些突如其来的问题吓到的概率。当然，你也许无法通过写作练习帮助自己预测到考试的作文题目，但这没关系，写作练习的过程可以训练你的思考能力，这本身就很有价值。无论你是否提前猜到了题目，你都需要在拿到考题时开始计划你要写的内容。如果你的预测正确，这个过程就会变得很简单，仅此而已。然而，你依旧需要规划你的文章。

当然，你的作文得分不仅取决于你对文章的规划，还取决于你的执行情况，所以一定要检查你的作文。这就是写作练习的第二个好处：在练习写作过程中，你不仅可以检测自己的知识掌握水平，还可以检测自己是否达到了作文考试评分标准。这是检索练习没有的优势——检索练习可以帮助你判断自己是否已经掌握了写作所必需的知识，但不能检测你的作文是否达到了标准。你可以先写一篇作文，然后拿考试作文评分标准来评判自己的成绩。如果你现在已经有了一篇作文的思路，那么马上动手写吧，可以从作文题目开始。

写作练习的第三和第四个好处是，你可以按照作文评分标准进行写作和作文批改。进行自我评估能让你发现自己写作中的长处和不足。例如，你可能会在自我评估过程中发现，你在写作中常堆砌信息而忽视叙述。当然，如果你已经知道你的不足在哪里，你就可以更好地解决它们。库西奥等人（Curcio et al.）发现，考前进行了写作练习的学生能比未进行练习的学生获得更高的分数。这是一个令人欣慰的结果，因为这项研究的参与者是法律专业的学生，如果写作练习无法提高他们的成绩，实验者可能会因虚假宣传而被起诉。

核心建议08：
在模拟考试时，最好重现考场的约束条件

复习时不能仅仅考虑到一些常见的考试形式（如简答题、多选题、作文），在每一场考试前，你都需要考虑到一些其他因素。例如，考试时长是一个很重要的因素。如果考试时长只有一小时，那么就不要花两个小时进行一篇作文练习。如果考试是手写考试或者你的手写速度无法像打字一样快，那么就不要用电脑练习回答简答题。如果考试不能开卷，那么就不要在做自我检测的时候打开书翻阅信息。如果考试是开卷式的，这很好，但如果你不能把材料带进考场，就会使你的复习容易受到错误的学习判断的影响。这里的核心建议是：在模拟考试时，最好重现考场的约束条件。

本章小结
选择有效的方法，而不是简单的方法

让我们总结一下本章提到的帮助你有效复习的核心建议。

- 最重要的一点是，不要觉得平常不用复习，只需要在考试前突击复习一遍就够了。复习是为了巩固你之前所学的知识，而不是学习的起点。
- 随着考试的临近，你的学习意愿可能会越来越强烈，但学习的意愿并不是决定你学习效果的主要因素，学习方法才是关键。在复习时，要适当运用前面章节说到的学

习方法。

- 避免集中背诵式复习。可能你觉得考前突击能够应付考试，但是如果你希望将知识长期储存在记忆中，我建议你日常就把复习时间安排好，并且做好间隔复习。另外，间隔学习和自我检测的积极作用可以叠加，建议把它们结合到复习中去。

- 不要纠结每两次学习之间的间隔时长。其科学规律是，在相等时间内学习次数多、学习间隔时间短要好于学习次数少、学习间隔时间长。而且，复习间隔时间越长，记忆的时间越长。你可以用自己在自我检测中的表现来规划学习间隔时间的长短。

- 当你发现自己学习的众多概念相似时，最好延长每次学习的间隔时间。这有助于防止正在学习的知识与不久前刚学过的知识之间相互影响。和等间隔学习一样，你可以参考用你在练习中的表现来增加间隔时长。

- 当你学习的众多主题或概念相似时，可以在每次复习时进行交叉学习。这种方法有助于发现主题或概念之间的不同之处，并帮助你避免前后学习之间的相互干扰。

- 营造一个好的复习环境，使其具有考场最显著的特征，确保你的复习环境安静、不受打扰。复习环境和考场环境之间的其他差异没有那么重要，而且很容易被控制。

- 尽管自我检测在不同的考试形式之间会产生不同的效果，但使用与考试形式相同的练习是一个好方法，尤其是当考试形式是论文时。这可以确保你既掌握知识，又了解考试

- 在复习时模拟考试中的限制性情境。例如，如果在考试

中写作文的时间只有一小时，那么你每次的写作练习时间最好不要超过一小时。这样做可以使你提前为考试做好准备，从而能够轻松应对考试。

这一章带着大家巩固了贯穿全书的一个主题：有效的学习需要有准备的、努力的和科学的方法。复习往往会给我们带来压力，因为它会揭露我们使用学习方法的不足之处。例如，漫无目的地阅读材料、做笔记时不经过自己思考、不主动对自己进行检测，这些最终都会反过来困扰我们。我们会突然发现，学习了一个学期，能记住的东西却不多，眼前的学习资料既熟悉又陌生，而我们却只有很短的时间去复习它们。在这种情况下，我们难免会使用死记硬背的方法，因为这种方法操作简单，而且似乎能帮助我们完成任务。然而，这相当于用无效的学习方法来补救无效的学习。我们从本章关于复习的文献中了解到，学习方法的好坏主要是由其有效性而不是简单性来决定。我在这一章提出的建议可能实现起来不容易，但你为了实现它所付出的努力，一定会在你的成绩中得到体现。

第二部分

进阶篇

第 5 章

高效演讲
促进学习的催化剂

你并非焦点

做一个讨厌之人的秘密是说出所有秘密。

——伏尔泰

核心建议 01：
不以传递信息为目的，以促进和启发学习为目标

我记得曾在网上看过一张教堂的照片，教堂外的牌子上写着："你知道地狱是什么吗？来听我们牧师布道吧。"这句话非常好地总结了被乏味的演讲困住是什么感觉。最典型且大家最熟悉的演讲当属大学里的讲座了。这种讲座的主要目的是促进对某一主题的学习，因此，它可以作为很好的范例，为如何更有效地演讲提供一般性建议。研究已经表明，讲座对学生并没有吸引力。夏普等人（Sharp et al. 2017）对学术枯燥无趣的原因和后果进行了一系列研究。他们发现了一个非常令人沮丧的情况，即只有46%的学生认为大学讲座吸引人，而且并非任何时候都是如此认为。想必讲师都希望学生对他们讲课的内容感兴趣，他们并非刻意让人觉得乏味，那么这到底是怎么回事呢？

对我来说，在做任何演讲（讲座或其他）时，最大的问题都集中体现在我第一次尝试做演讲的回忆中了。我当时是一名大三的本科生，我的导师邀请我和二年级的学生谈谈我的论文，希望能从我自己的经验中给他们一些建议。"这是我演讲生涯的一个愉快开端，我是一个天生的演讲者，听众认真听取我说的每一个字。"我很想这样告诉你！可现实是，五分钟后，听众明显感到无聊——可能只是因为院长在场、门窗都是关着的、智能手机还没有发明出来，所以才没有将无聊表现得那么明显。更不幸的是，我的演讲时间比原定时间多了一倍！好在我也并非毫无收获，我获得了宝贵的教训：做一场有效的演讲很难！

作为初次登台演讲的新手，无论有什么缺点，但是准备不够充分和努力绝不是其中之一！在做准备时，我先是花了几个小时思考一些基本问题。例如，我应该讲多长时间？我应该给听众留一些休息时间吗？我应该

以什么语速说话？我应该站着不动，还是更活泼一些？我的语气、语调应该有怎样的变化？我该如何掩饰我的紧张？我可以在演讲中穿插一个笑话吗？哦，拜托给我支个招，我的手该放在什么位置，保持什么姿势？这双大手突然让我焦虑起来。然后是幻灯片（PowerPoint，PPT）的问题。我应该用什么样的背景？如果我运用了视觉和声音效果，是不是更有利于表达我的观点？哪些颜色搭配和字体效果最理想？我应该在一张幻灯片上阐述多少个要点？使用图表是不是比使用文本更好？我应该在一张幻灯片上放多少个字？啊！有必要这么复杂吗？没有！其实，演示文稿是应用美国海军设计原则 K.I.S.S.（Keep it Simple, Stupid）的绝佳案例。在你为上述问题烦恼之前，应该首先解决一个更基本的问题，如何让你（和你的听众）放轻松。

在演讲准备中，我的问题在于没有首先思考作为一个演讲者最基本的角色定位是什么，而这才是做演讲准备时应该首先考虑的。这个问题的答案，对你如何应对演讲中一些更具体的问题有深远的影响。如果你认为演讲者这一角色的目标是传递信息，那么你很可能把所有时间都用在自己的演讲上。如此一来，你的听众就会沦为信息的被动接受者，整个过程他们都要坐在那听你一个人滔滔不绝。希望你还没忘记"阅读与笔记"那一章的内容——被动参与和记忆并不是一对好伙伴！问题就在这里，传递信息只是一方面，接受信息同样重要。如果你在演讲中向听众抛出一大堆信息，而听众什么也没做，他们肯定会感到无聊。一项研究表明，学生认为课堂中最无趣的是那些无法进行互动的部分（Mann & Robinson，2009）。研究还表明，鼓励学生积极参与的课堂，能够让学生取得更好的成绩（Freeman，et al.，2014）。

如果你希望你的听众既不会感到无聊，又能有所收获，那么你需要重新定义演讲者这一角色。想成为一名好的演讲者，你的目标不是尽可能多地传递信息，而是把自己的演讲当作学习的催化剂。你的演讲应该激发听众参与的积极性,就像你为了学习某个主题的知识而积极主动地阅读和记笔记一样。本章将通过分析传递演讲信息的特点和视觉辅助工具的使用,来帮助你实现这一目标。我不能保证这一章的内容会让你摇身一变,成为皇家学会主题演讲的主要候选人。不过,如果你遵循其中的一些指导,那么你的听众在离场时,便不会发出这样的抱怨:"好吧,浪费了我生命中整整一个小时,我再也不来听了!"

5.1 给听众一个好的理由听你讲话

若想让听众积极参与到你的演讲之中,你需要达成四个主要目标。首先,你必须给听众一个想要听你讲话的理由。出席你的演讲并不代表对你的演讲感兴趣,也许他们只是被迫出现在这里。其次,你必须在演讲中给出清晰的结构,或者条理清晰地进行阐述;只是将信息一股脑地塞给听众,并不能让他们记住你到底说了什么。第三,你需要控制你所呈现的信息量,因为听众一次性能吸收多少信息是有限度的。最后,你必须抓住听众的注意力,使其保持在你的演讲上。一名优秀的演讲者需要熟知如何实现这些目标,接下来我将以这四个目标为框架给出组织我关于演讲的建议。我们先从一个比较简单的方法开始——给听众一个理由听你演讲。你可能需要在某种程度上"贿赂"听众!

核心建议 02:
抛出问题作为开场,而非直接给出结论

给听众一个听你讲话的理由,这个建议可能听上去有些多余(我的意思是,他们正坐在那里听着呢,对吧?),但如果你没考虑过这个问题,那么事情可能就会变得糟糕了。想要给他们一个听你讲话的理由，猜测每个人的兴趣点是不可行的。我来问你一个问题：你上次听到一个以提问开始的演讲是什么时候？如果你在非常努力地回想，那事情就有些奇怪了——一位演讲者但凡考虑过要吸引听众听他的演讲，他就应该这样做！在"阅读和记笔记"这一章我们提到过，研究表明，问题是让人们思考的强大催化剂。提问能够让学生有目的地研究材料，同时清楚自己在探究材料时扮演什么角色。因此，演讲一开始，你就可以把提问作为与听众建立联系的捷径。以提问开始演讲，给听众一个关注你演讲的理由，然后他们便可以找到这些问题的答案。

将提问作为一种促进学习的方法，其作用可以追溯到几个世纪以前，不过与其他任意一个方法一样，提问也存在缺陷。不同的问题在吸引听众的效果上是不同的，特别是如果你的目的是激发兴趣和促进理解。至于你在演示中可以问哪些类型的问题，这已经超出了本章的范围，感兴趣的读者可以看看托法德、埃尔斯纳和海恩斯（Tofade, Elsner & Haines, 2013）的研究中对问题的完整分类。不过，在思考如何利用问题与听众沟通时，了解问题之间的几个区别是很有用的。第一个区别是聚敛性问题（convergent questions）与发散性问题（divergent questions）。

聚敛性问题往往涉及一个特定的正确答案（或可接受的答案范围有限），几乎不需要对问题进行进一步阐述。例如，针对积极参与问一个聚敛性问题，它可能是：积极参与是什么意思？这个问题寻求的是具体答案，答案只会区分那些已经熟悉积极参与概念和不熟悉积极参与概念的听众。一旦有听众提出了一个可接受的定义，这个问题差不多就结束了。发散性问题没有特定的正确答案，也没有限制正确答案的范围。相反，这类问题会鼓励回答者围绕当前主题进行思考，且回答能够被继续追问或需要进行详细阐述。针对上一主题，提一个发散性问题，它可能是这样的：假设有人想提高自己的演讲能力，你会给他们什么建议？你立刻就会发现，这个问题没有唯一正确的答案或最佳答案。此外，能否回答这个问题并不取决于你是否知道某一个具体的事实。这一问题将引发听众的思考：如何利用现有的知识或个人经验来回答。这些答案都需要详细说明，或者能够被后续追问。如，针对上述发散性问题，听众可能会给出一系列回答，如"说话慢一些""不要包含无关细节"等。演讲者很可能会针对他们的回答继续追问，而不只是回答"说得对"或"说得不对"。而且，他们也会设法针对每一项答复进行详细阐述，以便说明答案与问题探讨的主题之间的联系。发散性问题更能激发学生的兴趣，因为参与这类问题并不依赖掌握的具体事实。这类问题也能更好地加深学生的理解，因为它需要学生跟上演讲者的思路，进行后续阐述和详细说明，从而对某个具体目标给出反应。实际上，这类问题让更多的听众自己探索答案，而不仅仅是直接得到答案。

区分聚敛性问题与发散性问题的一个简单方法是，使用它们的另一种命名法，即封闭式问题（closed questions）和开放式问题（open questions）。如果你的问题答案是具体的，这就是封闭式问题。如果你的问题产生了多种可能的答案，能够继续探索，那就是开放式问题。当你在演讲开场提问时，最好使用开放式问题，我想这样做的理由你已经很清楚了！

对于在演讲过程中如何阐明问题，迪茨-尤勒和兰特尔（Dietz-Uhler & Lanter, 2009）提出了一种有效易行的方法。他们开发了一种四问技巧（four-question technique），且每个问题都要求回答者使用研究人员所提供的信息来实现某个特定的目标。在回答问题的练习过程中，参与者会不知不觉地加深对信息的处理，从而有助于他们的记忆。第一个问题（分析）要求参与者分析研究人员所给的信息，为此他们需要找出至少一个他们从中学到的重要内容，这可以被看作一种巧妙的自我练习。第二个问题（反思）紧随其后，提问：为什么认为学到的这个内容特别重要。这类问题听起来很像一种审问，但它能迫使人进行精细化地思考，不是吗？第三个问题（关联）要求学生将新知识与已知的知识结合起来，并将所学到的应用到生活中的某个方面。这与加工层次的一般原则相一致，将新知与旧知联系起来有助于学生对材料进行更深层次的处理。最后，第四个问题（生成）要求学生根据研究人员所给的材料，提出自己的问题，思考学习的含义。这再一次利用了详细询问法，同时也为进一步考查材料提供了基础。在尤勒和兰特尔的实验中，他们邀请了心理学专业的大学生作为参与者。参与者被分成两组，需要在网上完成一项学习活动，随后对其进行测试。研究人员将使用四问技巧对他们进行提问，一组在测试前提问，另一组在测试后提问。另外，研究人员还会问参与者：他们认为这些问题在多大程度上有效地提升了分析、反思、关联和生成这四项目标。最后，研究人员还评估了学生使用四问技巧时的学习感知和使用时的享受度。在测试前使用四问技巧学习的学生平均得分为74分，在测试后使用四问技巧的学生平均得分为59分。结果表明，学生认为四问技巧在实现目标方面是有效的，并且他们乐在其中。

托法德、埃尔斯纳和海恩斯（2013）在研究中指出，提问与演讲结合时，需要着重注意几个方面。首先，你需要根据提问的目的合理排列问题。例如，如果一个问题的目的是初步建立与听众的联系，或者激发听众的兴趣，那最好把问题设置在所有解释性材料之前。相反，如果问题的目的是检查对现有话题的理解或扩展，那么最好把它放在相关阐述之后。无论采用哪种方式，演讲者都应避免直接将问题抛给读者而不花时间解决问题，以及不在继续演讲之前明确地总结问题，因为这会导致听众沉浸在思考问题中而无法专注地听演讲。第二，留给听众足够长的时间来回答你的问题。在演讲到达高潮时，你可能会感到紧张，所有人的目光都集中在你身上，短短几秒你都会觉得像过去了几分钟一样。不过，在死一般的寂静中再多坚持几秒钟，可能会有完全不同的结果，而这对你的问题是否有机会吸引听众有很大的帮助。如果你真的无法忍受这样的沉默，那就主动发出邀请：明确留给听众一小段时间来思考如何回答你的问题。如果听众还是没有回应，那就给他们一些提示；如果仍然不起作用，那便换种提问的说法。无论如何，尽量避免立刻回答自己的问题，因为这不仅会破坏整个提问环节存在的意义，还会导致听众惰于回答你后面的问题——他们知道你会为了救场自己给出答案。第三，创造一个互动的环境，如向听众微笑、点头，表达感谢，这对鼓励听众参与很有帮助。然而，你在紧张的时候却很容易忽视这些细节。另外，即便听众的发言与答案无关，也不要打断他们的回答，不要皱眉，更不要表现出失望的事情，这对鼓励听众给出好的答案没有帮助。并且，很多情况下，问题可能出在你自己身上——可能是你提出问题时表述不够清晰。

核心建议 03：
你的演讲要有一个能够清晰传达给听众的结构

现在，你已经激起了听众的兴趣，给了他们一个听你讲话的理由。接下来就该直入演讲的核心部分了，对吧？我建议不要！你是否遇到过这样的情形：演讲者独自沉浸在自己的演讲中，可你却不知道他们说到了哪里，更不知道他们什么时候会停？你不得不费力地将演讲的不同部分整合成一个连贯的整体。有研究表明，模糊的框架的确是导致对演讲不满意的因素（Sharp et all，2015）。为什么信息结构不清晰会对我们的演讲有不利影响呢？原因非常简单。因为结构确实能帮助我们处理和记忆信息。心理学的另一个经典实验很好地证明了这一点。鲍尔、克拉克、雷斯格德和温兹（Bowe, Clark, Lesgold & Winzenz, 1969）进行了一项研究，他们要求参与者记住一些单词表，其中包含 112 种不同的矿物质，如铂、铁、铜和绿宝石。该研究对单词表的组织方式是否会影响参与者回忆单词的能力进行了实验。出于这一目的，研究人员设置的其中一种条件是，参与者看到的单词表是按概念的层次结构排列的。以矿物单词表为例，其结构的最顶层是"矿物"这一上位类别。在此之下，即层次结构的第二层，矿物被细分为两个下位类别：金属和石头。在层次结构的第三层，金属和石头又被进一步划分为各自的下位类别，如石头又被细分为宝石和砌石；金属又被细分为稀有金属、普通金属和合金。在这些范畴之下的第四层，研究人员根据其特点，对第四层矿物进行了合理的归类。例如，宝石包括这些词汇：蓝宝石、绿宝石、钻石和红宝石。研究人员设置的另一种条件是，单词列表表面上有概念的层次结构，但词汇是被随机分配到这个层次不同位置的。从视觉上看，单词被组织成了一个结构，但这个结构实质上毫无意义。你可能已经猜到了，按照概念层次结构记忆单词表的参与者，比在随机层次结构条件下的参与者能记住更多单词。不过，他们表现的优势之大，可能会让你大吃一惊。在第一次回忆时，按照概念层次结构记忆单词表的参与者回忆起的单词是另一组的3.5倍之多。在第三次回忆时，所有在概念层次结构条件下的参与者，都能够回忆起整个单词表——所有112个单词！

尽管鲍尔等人的研究结果非常令人震撼，但你或许会觉得，你的演讲不太可能涉及让听众记忆单词表，因此你可能在思考上述实验该如何应用到演讲中。其实，实验得出的原理非常重要。结构催化了人们对信息之间关系的思考，有利于对信息的记忆。演讲者可以从演讲一开始就利用这一原则，只需简单地给出接下来所讲内容的提纲即可。这有助于听众思考演讲的不同部分内容之间的关系。布伊和麦克丹尼尔（Bui & McDaniel，2015）在实验中要求大学生观看一场关于刹车和泵的讲座录像，并对讲座内容做笔记，讲座时长共12分钟。研究人员设置了三种不同的学习辅助条件，在播放讲座录像之前，参与者会被随机分配至其中一种条件下。在有提纲的条件中，参与者会拿到一张纸，纸上列出了讲座涉及的主题和子主题，即内容大纲，学生可以利用大纲做笔记。在有说明性图表的条件中，参与者拿到了一张图表，图表描述了刹车和泵的工作原理。最后，对照组的参与者只得到一个空白的笔记本，可以在上面做笔记。所有条件下的参与者都禁止暂停或回放视频（我猜没有人会选择按快进键）。因此，与现场听讲座一样，参与者不能操纵演讲的时间。讲座一结束，研究者立即拿走参与者的手写笔记（所以他们没有机会使用自己的笔记）。随后，参与者会被分配一个30分钟单词学习的干扰任务。在这之后，参与者才被要求回忆在讲座中学到的内容。结果显示，大纲条件组的参与者自由回忆得到的分数明显高于对照组。思考一下你的演讲结构，并确保能够清楚地将它传达给听众，这有助于你的信息传递，而不会把它搞得一团糟！关于结构，我们还需要思考另外一件事，这件事迫使你对演讲中包含的材料进行取舍。这就很好地将我们带到了下一个演讲目标：保持给听众的信息量在可控范围内。

核心建议04：
控制演讲内容，只给听众需要知道的，切忌给出所有

回想我们在本章开头讨论过的，一名好的演讲者首先要明确自己的角色应当是学习的催化剂，而不是知识的灌输者。我不建议你做后者，除了保证现场听众的参与度之外，还有一个重要原因，即心理学家所说的认知负荷（cognitive load）。如果你想让听众更好地接受你的演讲，那么理解什么是认知负荷非常重要。粗略得说，认知负荷指的是你理解某件事情必须占用的大脑容量。你是否参加过一场（或五场）这样的演讲：演讲者的目的似乎不是向听众展示信息，更像是填鸭式地灌输信息？他们一个点接着一个点地讲，直到演讲的主要观点（如果有的话）完全被模糊！如果你遇到过这种情况，那么你已经深受其害了，不管出于何种原因，这位演讲

者已经忘记了，听众在一段时间内能够处理的信息量是有限的。

认知负荷理论起源于数学问题的解答（Sweller，1988）。广义上讲，该理论假设，信息存在于一条从低交互性（interactivity）一直延续到高交互性的统一体上。交互性低的信息含有能够独立进行理解的单个概念。交互性高的信息包含的个体概念，只能通过它们之间的关系才能真正被理解。至于哪一类信息更难理解，答案毫无悬念。同样，在学位级别的演讲中，大部分信息位于哪一端，这一点也一目了然。由信息本身对使用者造成的认知负荷，被称作内部认知负荷（intrinsic cognitive load）。认知负荷理论的核心思想是我们的工作记忆（working memory）机制（Baddeley & Hitch，1974），也就是通常所说的"短时记忆"（short-term memory）。你可以将工作记忆看作一种暂时存储信息以供加工的缓冲区。工作记忆的容量有限，你之前可能听过"神奇的数字7"（magic number seven）的说法。这里引用的是米勒（Miller，1956）的一些经典研究成果，而这个数字代表的是我们可以保存并用于加工的信息单位的平均数量。这对演讲的听众来说是一个挑战，因为听讲座与自学不同，他们无法控制自己对信息的接触。相反，听众在短时间内需要通过工作记忆来处理多少信息，完全取决于演讲者。演讲者给听众的信息越多，听众的工作记忆要处理的信息就越多，与信息加工相关的内部认知负荷就越高。高强度的内部认知负荷可能会使听众负担过重，从而无法理解演讲者所传达的观点。

减少听众的工作记忆负担，能够减轻与输入信息相关的内部认知负荷。想要实现这一点，演讲者可以削减在同一时间内，听众必须处理的信息片段的数量。例如，上文的目的是，解释为什么你的演讲应该避免使听众信息过载，因为这会让他们很难从不必要的细节中提取你的核心内容。我希望给你们的关于认知负荷和工作记忆的阐述能够达到这样的目标：不多，也不少。这些概念都有大量与之相关的文献，想必这一点你不会感到惊讶。这些文献中的内容可比我在这里阐述得多得多。我本可以告诉你，工作记忆是如何从记忆的多存贮模型（Multi-store Model of Memory）中出现的，该模型最初是由阿特金森和希夫林（Atkinson & Shiffrin, 1968）提出的。我本可以告诉你工作记忆模型的每一个组成部分：中央执行系统（Central Executive）、视觉空间模板（Visuospatial Sketchpad）、语音环路（Phonological Loop）和情景缓冲器（Episodic Buffer）。我本可以告诉你关于操纵工作记忆容量的研究。但这一切是否有助于实现我的目标，传达我想要传达的信息呢？不能。实际上，看完前面一段的论述，你现在可能已经忘记我最初提出认知负荷（cognitive load）和工作记忆这两个概念的意义了。当然，有研究表明，在有关听众对演讲成功与否的决定因素中，演讲者确定关键点的能力至关重要（Copeland, Longworth, Hewson & Stoller, 2000）。这类研究传达的信息非常明确：想让听众能够接受，就需要限制给到听众的信息，保证这些信息是听众需要知道的，而不是把所有相关信息都堆砌上去。

核心建议 05：
一点小变化，更能保持听众的注意力

演讲的最后一个目标是让听众参与到你的演讲中来，这就引出了一个老生常谈的话题：注意力的持续时间，以及它对演讲者的启示。威尔逊和科恩（Wilson & Korn, 2007）注意到，学生在阅读教材时，注意力会在10~15分钟后开始下降，且下降速度稳定。不过，10~15分钟的估计是不准确的，其测量注意力的方法存在问题。在哈特利和戴维斯（Hartley & Davies 1978）的研究中，参与者的注意力会受到听课过程中记笔记行为的影响。如果记笔记的行为可以作为注意力的一种有效替代，那么事情可能还没那么糟糕，但并没有证据表明事实即是如此。相反，没有记笔记可能表明学生特别专注于演讲者所说的内容。研究人员还试图通过测量记忆力来量化学生的注意力,但由于受到讲座时长和信息量的影响,结果并不尽如人意。时间长的讲座通常包含更多的信息。因此,较差的记忆表现反映出的可能是记忆力较差,也可能是注意力较差。研究人员此前也曾利用直接观察法来监测听众的注意力水平,但这并不精确。例如,如何判断听众注意力不集中:这个人坐立不安是因为开小差,还是因为出了疹子?当然,用直接观察法研究的最大问题是会出现大卫·爱登堡(David Attenborough)所说的:"我们会看到一个普通的大学生,假装本本分分地在听讲座,同时又在用大学里的无线网络浏览购物网站。"

现代的一些研究试图结合技术手段来测量听众的注意力水平,从而规避上述问题。邦斯、弗林斯和尼尔森(Bunce, Flens & Neiles, 2010)在一门化学入门课程中,要求学生使用按键器来报告注意力分散(inattention)情况。按键器上有3个按钮,每个按钮代表一段时间的注意力分散(分别是1分钟或更短,3~5分钟,以及5分钟或更多)。每当学生意识到自己的注意力偏离课堂内容时,就需要按下相应时间的按钮。这为研究人员提供了一个测量注意力分散频率、持续时间、时机和模式的方法。研究人员设置了3种课堂内容的呈现方法:讲课、做示范和提问(学生用按键器报告注意力情况)。这使得研究人员能够在使用不同的呈现方法时,比较听众的注意力水平。这项研究有几个有趣的发现。首先,当课程开始后,并没有出现持续高度专注10~15分钟这一情况。事实上,听众的注意力一直在集中和不集中之间波动。这些波动早在课程开始30秒时就出现了,最常见的注意力缺失持续时间不超过1分钟,所以这并不是简单地说,听众在课堂上走神后就再也不会回来了。其实,这些数据更能说明这样一种情况,即一旦人们意识到自己走神了,就会积极尝试将注意力转回到课堂上。另外的好消息是,研究发现,注意力水平会受到所使用的内容呈现方法的影响。还有一点出乎你的意料,与讲课方式相比,在使用示范和提问的方法时,学生缺失注意力的情况更少。此外,结果还表明,使用示范或提问对后续讲课部分学生的注意力水平产生了积极的连锁效应,仿佛给学生的注意力注入了新的动力。总之,这一系列的结果表明,期望人们集中注意力的时间超过 15 分钟是完全合理的。不过,仍然有一些方法更有助于提高听众的注意力,如不要一直对着听众滔滔不绝地讲话。研究表明,你应该考虑在讲课中穿插一些方法(如提问),这类方法需要听众的参与,能够周期性地为听众的注意力充电,使其更专注于后续内容。

5.2 如何让幻灯片为你的演讲加分

核心建议 06:
想让幻灯片有用,首先理解它的目的

在本章的后半部分开始时,我感觉我应该首先向你转述一段对话,这是我的两位同事做完演讲后,我无意中听到的。

教授 A:"你不觉得幻灯片难做吗?"

教授 B:"没有,怎么了?"

教授 A:"因为一直坐着看那玩意儿太难受了。"

有了这一简洁、无可辩驳、极度清晰的反馈之后,我们来讨论制作演讲时使用的幻灯片这个棘手的话题吧。以下是在心理学研究中,如何高效制作幻灯片的简易指南。

首先思考一下,为什么在演讲中使用幻灯片是一个好方法。大家应该还记得,我们讨论过内部认知负荷的概念,它来自所呈现的信息本身。

你可能会想，是否存在外部认知负荷（extraneous cognitive load），这种负荷来自信息呈现的方式。是的，的确存在！斯韦勒（Sweller，2005）对此做出了这种区分。说到这里，你可能会认为，期望听众在听演讲的同时看幻灯片，只会增加与演讲相关的外部认知负荷。演讲者为什么要这么做？为什么不放弃幻灯片，减少听众的外部认知负荷呢？这话似乎非常合乎逻辑。然而，演示中额外的信息源是增加还是减少认知负荷，取决于信息之间的交互作用。为了解释这一点，我们需要简短地回顾一下心理学的另一个经典理论：由佩维奥（Paivio，1971）提出的记忆的双重编码理论（dual code theory）。简单来说，双重编码理论指出，大脑以语言或视觉意象两种方式呈现（编码）信息，且每种方式都有各自的记忆存储——语义记忆（verbal memory）和表象记忆（image-based memory）。语言和基于图像的编码及其各自的记忆存储既独立存在、独立编码信息，也可以相互联系。双重编码理论认为，经过语义和视觉处理的信息更有可能保留在记忆中。研究发现，对易产生联想的具体事物（如一张表格）的记忆力优于对抽象词汇（如公平性）的记忆力。研究通过控制信息的编码方式证明了这一点，即同时使用视觉和语言编码比单独使用其中任意一种编码效果更佳，即出现叠加效应。关于这方面的证据在梅尔（Mayer，2009）的报告中有所证明。作者做了一系列的实验，以不同方式向学生展示课件，包括讲课、动画结合与纯讲课对比，文本、插图结合与纯文本对比。展示完毕后，学生被要求根据传达给他们的信息来解答问题。实验表明，当视觉和语言信息相结合时，学生表现明显更佳。语言和视觉编码共存时会出现叠加效应，这也正是幻灯片（PowerPoint 或其他软件）可以与演讲结为同盟（confederate）的主要原因。不过需要注意的是，最后一句的关键词是"可以"。

如果仅仅同时使用语言和视觉材料展示就能够促进信息的加工，那么我们用幻灯片进行演讲时应该有大量快乐的听众才对。然而事实证明，仅有语言和视觉信息是不够的；重要的是这两类信息源整合的方式，也正是因为这种整合，让幻灯片的设计者屡屡栽跟头。举个例子，你有没有听过这样的报告，讲台上的人除了逐字逐句地读幻灯片，什么都没做？演讲者的语言表达会伴随着视觉信息的输入，可当这些文字需要你更多的语言编码而不是视觉编码时，你的语言处理工作量会增加一倍，但没有视觉加工工作。

因此，使用幻灯片的目的是利用双重编码减少演讲的内部认知负荷。那么，我们该如何设计幻灯片，使其达到这一目标，而不是增加外部认知负荷呢？在过去20年里，针对多媒体学习的研究已经回答了这个问题，同时也阐明了整合语言和视觉信息的最佳方式（Mayer，2014）。这类研究的结果提出了一系列指导原则，该原则有助于减轻多媒体设计带来的认知负荷。不过，针对这个问题，直接向你抛出这些原则，无异于为尚未正确定义的问题提供解决方案。如果我想提供给你最佳的解决方案，那么首先我们要确定，在听众眼中，幻灯片最常见和最令人厌烦的问题是什么。之后，我们可以针对这些问题给出具体建议。令人欣喜的是，我知道有一项研究做到了这一点！

核心建议 07：
了解幻灯片设计的错误与懂得如何修改是两码事

科斯林、奇维特、拉塞尔和谢帕德（Kosslyn，Kievit，Russell & Shephard，2012）指出，我们不难发现对 PPT 的诸多批评，尽管存在很多抱怨，但幻灯片的质量仍然存在很大差异。科斯林等人认为，PPT 持续出现问题的原因之一在于其演示设计，它带来的后果对人们来说非常明显（如幻灯片播放过快，人们无法理解其内容）。然而，违反心理学原则（如相关性）导致的幻灯片设计失误（即在一张幻灯片中输入太多信息）的情况并不容易被察觉。当然，如果不理解幻灯片设计背后的原理，不懂得为什么某种设计令人讨厌的话，就很难准确识别特定的设计缺陷，也无法有效补救。科斯林等人继续论证道，研究应该阐明设计好的幻灯片的原则，从而解决这一问题。此外，在说明这些原则时，需要同时说明人类处理信息的方式。由于缺乏此类研究，出现了这样一种情况：糟糕的演讲者怪罪他们的工具，而倒霉的演示软件则为用户的无知背锅。

科斯林等人（2012）从学术界、商界、政府和教育部门拿到了大量的PPT演示文稿，列举了听众在理解报告内容时所需完成的必要脑力任务，并据此制定了评估这些文稿的标准。首先，听众需要对获取的信息进行编码。第二，他们需要将这些信息整合到自己的工作记忆中。第三，通过与存储在长时记忆中的信息做比对，从而从整合的信息中提取意义。之后，科斯林等人从现有的认知心理学文献中提取出一些原则，将其应用在这三项任务中并做出相应的假设，确定哪些原则能够用来指导好的演示文稿的设计。例如，控制编码信息的原则与刺激辨别（stimulus discrimination）相关，即设计需要醒目，要能从周围的环境突显出来。研究人员总共指出了8项原则（每个任务对应几个原则），并由此产生了一些规则，用来确定哪些是好的做法，哪些违背了规则。我们继续以与编码任务相关的可辨别性原则为例，其中一条规则是，所使用的文字颜色必须与幻灯片的背景色不同。反之，违背此规则会导致文字无法从幻灯片背景中突显出来。在第一项研究中，研究人员对140个PPT演示样本进行评估，违背规则的样本数高达137个。研究人员记录了报告中违背规则的地方及违背的相应规则。如果一次或多次违背某一条原则，则记1分；如果没有违背任何规则，则记0分。结果表明，演示文稿平均会违背8项原则中的6项，其中违反最多的原则便是我们熟知的可辨别性原则。也就是说，人们在制作幻灯片时，其视觉特征过于相似，难以分辨。更糟糕的是，即使是不同领域的演讲，违反规定的次数也没有差别，学术演讲并不比其他领域的演讲要好。研究人员得出的结论是，优秀演讲背后的心理学原则，要么是不明显，要么只是被人们忽略了。

在他们的第二项研究中，科斯林等人想要验证公众是否对他们刚刚确定的违规类型敏感。参与者会拿到一张问卷，用来记录在演讲中观察到的违反原则的行为。在遇到违反原则的地方，参与者会用李克特量表（Likert scale）来记录，记录内容包括违反原则的频率和对他们造成困扰的程度。超过60%的参与者表示，他们至少看到了问卷中7项原则被违反的例子，而且这些情况至少是有些令人心烦的。我们很快会回来分析这些数据，并将其作为给建议的指导基础。不过，在此之前，我有必要简要介绍一下科斯林和他的同事们进行的第三项研究。第二项研究表明，在有提示的情况下，参与者会意识到幻灯片中的问题，并表达对特定错误的不满。不过，识别一个明确标出的错误与识别未被标注的错误，并解释其发生的原因，这两者并不相同。而这正是第三项研究的内容。

为了验证参与者能否自行识别出糟糕的幻灯片设计，研究人员在屏幕上同时展示出一系列成对的幻灯片，供参与者观看。每一对幻灯片都对应一项之前确定的展示原则（如可分辨性）。其中一张幻灯片违背原则（如幻灯片的背景图和文字之间有冲突），而另一张幻灯片展示了相同的内容，但没有违背原则的地方。每对幻灯片都跟着一个问题，如这两张幻灯片中，哪一张更能清晰地突显文本？参与者的任务是从一组幻灯片中选出好的一张，然后解释选择它的原因。结果令人惊讶，参与者平均有20%的情况会选择违背原则的幻灯片。此外，即使他们选出了更好的幻灯片，也有六分之一的情况无法正确解释为什么这是正确的选择！你可能会认为这些数字也没有那么糟糕。毕竟，大多数情况下，参与者都选对了。然而，我们首先思考犯一个基本的错误代表什么。以违背相关性原则为例，演讲者在每张幻灯片中塞进的文字量相当于一部中篇小说。这只不过是一个原则中的一个错误类型而已。你会想坐着看完他的幻灯片吗？反正我不想！第二，尽管错误的绝对数量可能不像你预期的那样触目惊心，但他们会在各种原则上出错。人们在"全方位"地犯错。科斯林等人在记录参与者的犯错比率时发现，没有任何一项原则存在零错误的情况。结果表明，参与者在某一特定原则上至少出现一次错误的比例高达97%。同样地，即便选择了正确的幻灯片，也没有任何原则存在零错误的情况：高达85%的参与者在至少一项原则上犯了至少一个错误。这个结果在很大程度上解释了为什么一些幻灯片的设计如此糟糕：人们通常无法分辨哪些是好的幻灯片。这也解释了为什么人们或许能够区分违背原则和符合原则的幻灯片，但仍然在自己设计幻灯片时犯这类错误。从根本上说，这是因为人们不明白为什么会出现这种错误，因此，也不知道该如何避免它们。本章后面的内容将对此展开阐述。

5.3 幻灯片的七宗罪

请各位放心，虽然是帮助大家更好地制作幻灯片，但我并不打算一一列出科斯林和他的同事们给出的所有137种违规设计及相关的补救措施。相反，我会使用他们在第二项研究中获得的数据，确定最常见和最恼人的问题。最恼人的问题前五名中，刚好有三个也在最常见的问题前五名中（合情合理！）。这样，就剩下另外四类违反规则的情况，要么最常见，要么最讨厌。为了防止幻灯片搞得你异常痛苦，如长期失眠、抓耳挠腮，我会把这七项错误一一列举出来。鉴于之前我已经回顾了自己专注于这七宗罪的原因，所以本章最后部分，我将主要讨论实用建议，不再重点讨论理论部分。本书所包含的建议将以书面形式而非视觉形式表达。如果有读者想阅读完整且详细（视觉化）的幻灯片指南的话，可以参考 *Clear and to the Point*（Kosslyn，2007）一书。

核心建议 08：
删除无关内容，每张幻灯片需目标明确、内容相符

幻灯片最常见且最恼人的错误是，演讲者用不必要的细节模糊了部分或所有演示内容。无关细节会增加幻灯片带给听众的内部认知负荷，让听众难以提取重要信息。与多媒体设计相关的研究表明，仅仅通过删除无关信息便可以增加相关性，或者他们所说的连贯性（coherence）。然而，如何才能最大化实现这个目标呢？演讲者并非是想让听众的生活变得更艰难，才故意将没必要的信息放在幻灯片里。这些无关信息更有可能反映出演讲者被一些略有关联又刚好有趣的内容岔开了话题。当然，如果这样的材料极富趣味性，足以让演讲者偏离主题，那么同样地，它也很可能使听众偏离主题（Mayer, Griffith, Jurkowitz & Rothman, 2008）。如果你无法专注于演讲主题，那后果很可能是你的演讲节奏被拖慢。

核心建议 09：
切忌输出信息的时间过长

被无关信息干扰常常会招致另一个错误，即演讲者的演讲速度太慢，这同样排在最恼人的错误前五名。那么，该如何过滤掉不必要（即便是有趣）的细节，保持你的演讲节奏呢？其关键在于明确幻灯片每一部分的具体目标。有一个十分方便好用的方法是，为你的幻灯片取标题。通常，演讲者使用的幻灯片要么没有标题，要么标题很宽泛。聪明的做法是把幻灯片的标题作为幻灯片的主题；你设定得越具体，就越不易偏离主题。这样做也可以减少听众找不到幻灯片主题的可能。阿利、施莱博、拉姆斯德尔和马弗（Alley, Schreiber, Ramsdell & Muffo, 2006）提倡使用主张/证据

法，即幻灯片标题的主张必须在幻灯片的内容中得到论证。假如你在做一个演示文稿，主题是如何为幻灯片设计标题，那么利用主张/证据法设计的标题可能是"用主张/证据法设计幻灯片标题，以保证幻灯片内容与主题的相关性"。该标题要求你在幻灯片的正文中对其主题进行证明，且严格过滤正文内容。同样，这也提示了听众，让他们带着目的听幻灯片的内容，如观察如何证明幻灯片标题中的主张。你可能还记得，在"阅读和记笔记"这一章中，带着目的阅读作为主动学习的一部分，对我们大有裨益。模棱两可的标题会产出模棱两可的内容。给演示文稿中的每张幻灯片赋予一个明确的目标，然后仔细权衡你想放在其中的相关内容，而对于幻灯片主题没有直接帮助的内容，则直接删除。

核心建议 10：
确保阐述充分；不要假设人人都知道那些重要的术语和概念

信息过多会让听众很难看抓住核心内容，但过少的信息同样会影响听众对主题的理解。在科斯林等人的研究中，"阐述不足"排在最令人讨厌的演示错误的首位，也许并不令人意外。万幸，它没有出现在最普遍的五种错误中。可是，我们都经历过类似的演讲，它让我们怀疑自己是否有资格参加。这通常是因为我们在第 1 章中提到的后视偏差。在演讲中这的确是个问题。如果面前的人认为有些东西是明摆着的，那你想，他在向与他不在同一知识水平的听众阐述时，会有多大概率详细解释呢？听众很可能会认为这样的陈述是居高临下的，毕竟说话的人通常都被认为是专家，而专家的确需要在他们的演讲中展示出相称的知识水平，不是吗？本章一开始就提出了一个概念：演讲的焦点不在于演讲者，而在于听众。如果你想让听众理解你的演讲内容，就需要铺垫适当的基础知识。

在铺垫方面，演讲者经常犯的一个基本错误是，假设听众熟悉相关专业术语和概念。为了纠正这一误区，我们可以从与训练相关的多媒体设计文献中获得一个有用的启示，即预训练（pretraining）（Mayer，Mathias & Wetzell，2002）。预训练包括在演讲刚刚开始时，请听众熟悉关键的专业术语和概念。只需一个简单有效的方法便可以实现这一目标，即使用一张幻灯片分类列出所有关键词汇，将其作为理解幻灯片其余内容的前提。如果观众对这张幻灯片的反应表明，你之前设定的知识水平过高，最好在这个时候（趁你还能做些什么）发现，而不是在你演讲结束后！事实上，阿珀森、劳斯和斯潘斯基（Apperson，Laws & Scepansky，2008）进行了一项问卷调查，研究了学生对PPT的偏好。结果发现，学生对在演讲中用幻灯片解释关键术语和展示定义的喜爱，排到了第三名。这种方法对特定学科术语或缩写的阐述特别有用。一位知识丰富的演讲者，往往会先向观众抛出一堆术语或缩写，却没有注意到他们把外行的听众搞糊涂了。因此，在你的幻灯片中，切忌使用未定义的概念、术语或缩写。

核心建议11：
做演讲时，慎用幽默和图片元素

到目前为止，我们纠正的错误主要与幻灯片展示的信息量有关。有关幻灯片的其他问题则主要与信息的呈现方式有关。根据科斯林等人的研究，听众经常会觉得演讲者没有在幻灯片中加入幽默或图片这些元素，来让内容看起来没那么复杂。我们先来说一下幽默这个元素。有学者认为，演讲更像表演，而不是汇报（Short & Martin，2011）。遗憾的是，这类研究未能说明幽默与其他因素带来的效果有何不同，如听众互动、呈现方式、使用人称及指称等。平心而论，我们甚至无法确定幽默是否能带来不同的影响。从本质上讲，幽默是主观感受，而且受语境约束。每一场演讲都会因为上一个人的机智表现而更加精彩，也总有几场演讲会因为演讲者过于想要讲得有趣而显得尴尬，最后只剩冷场。很遗憾，我不得不说，教你让幻灯片的内容变得更有趣是行不通的。不过，我可以解决更重要的问题，这可能就是让幽默发挥作用的原因。与幽默不同，这个方法不受限，可以任意使用。我指的就是个性化原则（personalisation principle）。个性化原则可以说明，在利用多媒体做演讲时，随意的口语化的方式要比严肃、正经的方式更容易让观众愿意倾听。研究表明，这个原则使用起来非常简单，在演讲中加上类似于"你的"这样的人称指代就可以了。例如，我们说"无关信息会增加你的理解负担"，而不是"无关信息会增加理解负担"。你可以在吉恩斯、马丁和马什（Ginns, Martin & Marsh, 2013）的论文中看到这类研究的文献综述。对于演讲中的个性化，我们还有很多策略，如不要在台上或者躲在讲台后面演讲；在适当的时候变换语调和音量，这样观众就不会觉得你像机器人。

在了解了如何在幻灯片中加入幽默元素之后，我们再来说说如何使用图片。我们之前已经讨论过文字和图片结合能够帮助减轻听众的理解负担，这也是多媒体原则（multimedia principle）中建议使用幻灯片的部分原因（Mayer, 2014）。但是，图片也不是总能让你的演讲加分的，所以，你需要一些广泛指导，来有效地使用图片。首先我们要知道，如果观众看不出图片和你要表达的观点之间的关联，配图就没有意义。有证据表明，无关的图片会影响听众对演讲内容的记忆和满意度（Bartsch & Cobern, 2003）。如果只是把图片堆砌在幻灯片上，想要以此让内容显得更轻松，可能反而会增加听众的理解负担。如果图片起不到任何作用，那就只是给观众找了一个本不必费心理解的东西。那么，有没有一种快速直接的方法来免去无关的图片呢？有，证据断言法可以有效减少演示文稿中的无关内容，不仅适用于文字，也适用于图片。加纳和阿利（Garner & Alley, 2013）使用过这种方法，他们把论点（或信息）总结成一句话并将其用作幻灯片的标题，幻灯片的主体内容是对这一论点的相关证明（或内容支撑）进行可视化描述。演讲者要做的就是详细阐述幻灯片中的图片内容。这种方法运用了图片文字和口头陈述，从视觉编码和语言编码（双重编码）两方面减轻观众的理解负担。

关于如何利用双重编码，多媒体设计的相关文献（Mayer，2014）提供了一些建议，帮助听众将视觉和语言信息联系起来。第一，只口头描述图片内容，要比大段的文字描述加上口头陈述更为有效，这被称为冗余原则（redundancy principle）。第二，视觉和语言信息必须紧密结合，这就是连续性原则（contiguity principle）。综上所述，这两个原则提供了一种非常简洁的方法，可以用来评估幻灯片中图片所起的作用。简单问自己两个问题：第一，只是口头描述图片内容，无须大段的文字修饰是否可行；第二，能否不要把图片放在论点和重要文本阐述之间？对于这两个问题，哪怕只有一个问题的答案是否定的，你都需要考虑继续使用文字描述和口头陈述相结合的方式。一张图能表达一千个字的内容就可以了，不必包含双倍的信息。如果图片不能让你简洁明了地把内容讲清楚，那就不要再到网上搜图了。

核心建议 12：
幻灯片只是辅助演讲，不要一字不差地展示演讲稿

不要让图片和文字做同一件事。这是使用幻灯片演讲会出现的另一种错误，也是五大最常见且最不受欢迎的错误之一。它指的是演讲者逐字逐句地朗读幻灯片上的内容（也叫卡拉 OK 式幻灯片）。如果利用幻灯片做演讲的优势在于图片和语言的双重运用，那么照着图片读内容就只是为观众提供两个一模一样的信息而已。这不是我们的目的。这样做会给人一种演讲者没有认真准备的感觉。而且还会带来另一个问题：演讲者把观众拉到现场，难道就只是为了给大家朗读幻灯片上的字吗？如果是这样，演

讲者大可以把幻灯片发到网上，大家在家里也能舒舒服服地看。想要避免卡拉OK式幻灯片，你可以这么做。首先，很显然，我们要从幻灯片的内容入手。幻灯片应该是让你顺利阐述的催化剂，而不是提词器。正如加纳等人（2014）指出的，幻灯片上的文字越多，你就会越想照着读。而且，文字越多，就意味着字号越小，除非用美国宇航局的望远镜，否则根本没人能看清你在幻灯片上写了什么。要想避免这种情况，最简单的方法就是要求自己必须用大号的字。例如，字号不能小于28号，这样就不可能把逐字稿塞进一张幻灯片里了。也就是说，你只能提炼几条要点对论点进行阐述。做好这一步后，你要做的就是根据要点排练演讲内容，确保这些要点能有效发挥提示作用，为你提供相关信息。在阿珀森等人的研究中，幻灯片的内容要提供案例、阐述观点并为讨论提供基础，而这些都是学生最喜欢的。可能一开始这样做会让你觉得不舒服。还记得我们在第1章谈到了认知错觉，回顾内容时想当然地以为自己已经掌握了问题和答案，这就是导致认知错觉的原因。提供要点的幻灯片并不能给出所有答案，关键还要看自己。好的幻灯片不仅可以避免认知错觉，还能检验出你是否真的知道自己在讲什么。如果不看演讲稿就不能拓展要点，那就说明你对内容不够熟悉。如果你既不看观众的表情，也不对着观众讲话，只是低头念稿，那你就是在消磨观众对你的好感。看到一个人只是在读稿，观众首先就会质疑他的知识水平、质疑他是否适合做演讲报告。你讲的内容不一定要完美，但讲的时候绝对不该照本宣科。不要害怕出错。记住聚光灯效应：你的失误远没有你想象的那么明显！

即便没有照本宣科，只是在幻灯片中突出强调了几点内容，都有可能画蛇添足。五大最常见且最不受欢迎的幻灯片错误中，还有一条就是，在展示下一张幻灯片之前，前面的信息太多会让观众消化不了。出现这种情况的原因很简单，就是提炼的要点过多，观众根本记不住。想想看，一个人的工作记忆平均只能保留七个要点，上下偏差两个。也就是说，一张包含了七个要点的幻灯片几乎不会给观众带来过大的负担。所以，你可以考虑把每一张幻灯片上的要点限制在五个以内（包括标题）。

核心建议 13：
让观众把你展示的信息利用起来

当然，要点过多并不是阻碍听众记忆的唯一因素。演讲者在准备演讲的过程中会对相关内容有充分的了解，但听众却不会对它们如此熟悉。如果演讲者忽略了这一点，就会影响听众对演讲内容的理解。例如，演讲者在学习材料时可以利用一些策略让自己主动熟悉材料内容（如详细提问和自我测试）。然而，即便幻灯片的制作软件功能齐全，往往也不能让观众有同样的机会去了解这些信息（Berk，2011）。在本章的前半部分，我建议演讲者向观众提问，这样可以鼓励观众认真倾听。这些问题也可以放在内容展示之后的幻灯片上，以便让观众主动了解你所展示的内容。吉尔和克莱纳（Gier & Kreiner，2009）发现，在幻灯片中插入与内容相关的问题会让学生在这一主题的课堂测验和后续的考试中取得更好的成绩。什普纳尔、卡恩和沙克特（Szpunar & Khan & Schacter，2013）也得到了类似的研究结果。手机的广泛使用以及免费投票软件的出现，也为所有观众提供了机会，让他们能回答与演讲内容相关的问题。投票软件还能让演讲者知道观众是否在关注他们。你可能会觉得，比起用幻灯片做演讲，这样的软件更让你觉得受到了技术的制约。如果是这样的话，那么把问题放在一张简单的幻灯片上，让观众用他们学到的东西去回答就可以了。这就回到了"让观众参与到你的演讲内容当中"这条基本原则。试试看你的幻灯片能否让观众把你所展示的内容用到其他事情上。

核心建议 14：
不要轻易给幻灯片加特效，除非它们能始终发挥同样的作用

在看下一张幻灯片之前，没有给观众足够的机会去理解前面的信息，这是个问题。但有的时候，没能在幻灯片中突出强调观众需要掌握的信息，这也是个问题。科斯林等人提到的最常见的几个错误就反映出了这一点，即演讲者没有用标记或其他方式将观众的注意力引向重要的内容。一种常见的情况是，在展示包含不同要素（如文字提炼的要点）的幻灯片时，演讲者把所有幻灯片同时展示出来了。此时，人的注意力很自然会被不同的东西所吸引，而呈现形式看起来相同的文字很容易被当作是同样重要的内容。因此，观众从头到尾关注的都是幻灯片的整体内容，而不是当前演讲者正在说的内容。这并非理想情况。由于幻灯片的每个部分之间在视觉和语言信息上缺乏连续性，所以会让观众更难理解这些信息。这里有一个简单的解决方法，就是用动画连续展示幻灯片的各个部分；当你展示下一部分时，把前面的移除（或静音）。多媒体研究提到了信令（signaling）这类策略（Mayer，2014）。只要使用得当，信令会是最有效的方法，它能够确保观众将注意力集中在幻灯片最重要的部分。知道这一点总归是好事，这样你就不会随意使用字体、颜色或字号，以免无意中将观众的注意力吸引到不重要的内容上。举个例子，你的每张幻灯片的标题字号都比主要内容的字号大吗？你的标题总是包含幻灯片中最重要的信息吗？如果不是，那么你就没有好好利用信令这个方法。

信令之所以能发挥作用，是因为科斯林等人提到的信息变化原理（principle of informative change）。这说明，如果呈现的内容在视觉特征上发生了变化，观众就会推测这种变化是否存在某种意义。对于呈现的内容而言，这些推测可能有益，也可能有害，要看这些推测是否恰当、是否具

有一致性。举个例子，假设你在幻灯片中一直通过动画来引入新元素，那么，如果你随意改变了动画这个方式，你的观众就可能会认为你这样做是有原因的。然后，他们会试图找出这个原因。而结果就是，他们的注意力将不会放在你正在演讲的内容上。所以，在使用那些令人眼花缭乱的动画、奇形怪状的字体和幻灯片音效之前，问自己三件事：第一，我是不是把观众的注意力集中到了幻灯片的主要内容上；第二，我使用的幻灯片特效，能否有效、恰当地帮助我传达信息；第三，我使用的这些特效是否是一致的，或者说这些特效每次传递的信号是不是一样的？演讲的普遍规则是越简单越好。如果你使用特效仅仅为了让文字像霓虹灯一样发光、360度旋转，以及在退出屏幕时出现鼓掌的音效，那不如不用！撇开其他不谈，听取这条建议就能让你省出几个小时做幻灯片的时间，避免在设置幻灯片动画起始时间的过程中抓狂。相信我，我是过来人。

本章小结
尽可能多地促进听众参与的积极性

本章最开始我就提出，演讲的首要目的是促进听众的学习。高效的演讲者能以最有利于促进学习的方式进行演讲，并且能够有效利用视觉或听觉特效辅助演讲。现在，让我们总结一下本章的核心建议，即如何才能成为高效的演讲者。

明确演讲的目标

- 给听众一个专注听你演讲的理由。你可以从一开始就说明自己演讲的内容非常有用。例如，试着在演讲一开始就向听众提出一个问题，而你演讲的内容便是答案。

- 保证演讲的结构和表达清晰。如果你的演讲只是把信息抛给听众，令人无法提取出清晰的逻辑结构，听众便很难吸收其中的信息。在幻灯片开始时，先展示提纲，明确说明你的演讲内容，以及你用何种结构将它们组织起来。在整个演讲中，不断提醒听众你目前讲到了提纲的哪一部分。

- 保持你演讲的信息量在可控范围内。试着为演讲的每个部分想一个主要目标，并检查你想在该部分提供的信息，仅留下那些能够精准支撑目标的内容。不要为了卖弄学问，保留一些无关内容。

- 保证听众参与其中。如果一场演讲中，听众是否参与无关紧要，而且他们也没有被邀请参与其中，那么听众的注意力就会涣散。试着在你的演讲中邀请听众参与一些与演讲内容相关的互动，如做示范、问答或小测验。

优化你的幻灯片

- 确保你的每张幻灯片都有一个清晰的要点，避免出现无关紧要的信息。试着在标题中点明幻灯片的主旨。这有助于你将注意力集中在幻灯片主体部分提出的观点上，而不会被细枝末节带偏。

- 确保向听众充分阐述重要的概念和术语。尝试在幻灯片首页列出演讲中需要理解的概念、术语和缩略语。这有助于验证你对听众知识水平的假设，并为其填补相应的知识空白。

- 确保你的演讲独具个性。一个简单的方法是，在你的演讲中使用"你""你的"这类人称代词。图片在传达信息时也很有帮助，但应在必要时使用，而不是仅仅作为文本的重复；同样，也可以与相关的说明性材料一起呈现。

- 确保幻灯片是在辅助你的演讲，而非提词器！不要照着幻灯片读。幻灯片的设计以文本为基础，可以用作演讲时的提示，然后用它来排练你的演讲。如果你做不到这一点，那便是对幻灯片所涉及的主题还不够熟悉，需要重新参考你的文本。如果你对自己水平有足够的信心，但表达有些生疏，多加练习能够帮助你提升表达能力。

- 确保听众有机会吸收幻灯片中呈现的主要信息。限制一页幻灯片上单个元素的数量，最多5个（包括标题在内）。在幻灯片中插入一些具有互动性质的内容，请听众运用所获得的信息完成活动。例如，要求听众应用幻灯片中的内容解决相关问题。

- 确保恰当地使用视觉提示引导听众的注意力。当提及某一元素时，在幻灯片上选择性地展示它，在进入下一个元素时再将其隐藏。谨慎、合理、一致地使用文字和动画特效，这样它们才有意义。切勿随意、无目的地使用它们。

大多数人都能回想起这样一个时刻：我们不得不忍耐着听完一整场演讲。不幸的是，斯蒂芬·科斯林（Stephen Kosslyn）及其同事们的研究表明，一场成功的演讲，其标准并不直观。此外，能够识别且抱怨演讲存在缺陷，并不一定意味着我们有能力修复这些问题。本章的目的是给出一些如何进行有效演讲的核心建议。采纳这些建议不会让你一夜之间感到演讲简直是小菜一碟（让你的生活更轻松本就不是我们的目标）。但是，你的听众将会听到一场高效、成功的演讲，并在这个过程中体验到轻松愉悦的感觉。

第 6 章

论文写作
掌控学业的关键

写论文并没有想象中那么难！

记住，不要同情魔鬼。买票出发……如果这个负担偶尔变得比你想象中沉重，那也许是因为强迫意识在扩散：从适应，到发狂，最终被打败。

——亨特·汤普森（Hunter S.Thompson）

坦白说，我最初确实怀疑过这一章的设置是否合理。从表面上看，无论是给艺术史专业的学生还是给细胞生物学专业的学生提供论文写作建议，都是一项巨大的挑战。不同学科的课程论文有各种不同的类别，即便是用同一种类型的论文形式，不同学科在内容和风格上也有很大的不同。不过，如果把关注点放在课程论文的写作计划上，就可以把各种课程论文拆分成一系列相同的子任务。作为学生，你应该做的是，查阅并评估相关的文献资料，寻找合适的文献来源，规划写作内容，把文章写清楚并进行校对，之后再去考虑得到的反馈。针对这种计划层面上的分析，我们可以为各个学科和不同论文类型提供一些有用的建议，这正是本章要完成的任务！接下来的内容中所参考的文献不仅仅局限于纯心理学领域，为了确保相关术语的专业性还会涉及学习与教学领域的相关研究。需要说明的是，该领域的大部分研究主要聚焦在广泛使用的课程论文格式上。不过，本书从这类研究中摘取的原则和指导建议，基本适用于大部分课程论文写作。

希望通过本章关于学位论文写作基本原理的讨论，能够让你的学习生活变得更加轻松。你必须正确了解这些基础知识，它们就像一个长等式中的前几个数字，如果它们出错了，那后面就全错了。本章的建议和指导可以让你的自尊心（更不用说你的成绩）免受那些沉重的、本可以避免的打击。让我们先来看看，在开始进行课程论文写作之前，我们应该做哪些准备。

6.1 知己知彼：掌握评分标准

核心建议 01：
不论做任何事，首先定位并确认论文的评分标准

第 1 章探讨了元认知的概念（个体对自我学习状态的感知和控制），以及邓宁－克鲁格效应（能力最差的人通常最容易夸大自己的能力）。在课程论文的准备阶段，如果观察一些学生如何对待那些关键环节，你就会发现体现邓宁－克鲁格效应的典型例子。我们再用一个场景来举例。求职时，当你遇到一份非常喜欢的工作并且很想得到它时，你首先关注的是什么？答案很可能是职位要求，包括评估候选人的标准。掌握了这些信息，你就能轻松预测面试中可能会被问到的问题，从而调整回答的方向，给出符合职位要求的答案。同样的逻辑，如果想让论文拿到高分，就需要先了解这项作业的评分标准（marking criteria），这样就可以明确写作方向，从而满足评分要求。然而，文献研究表明，学生通常没有充分理解论文评分标准（Rust, Price & O'Donovan, 2003）。很可惜，理解论文评分标准，恰好能够鼓励学生参与教学内容，帮助他们加深对论文评分标准的理解。客气一点说，目前学生对这类内容的参与情况并不理想。就像邓宁－克鲁格式的《第二十二条军规》的情节！特纳（Turner, 2018）给出了一个非常有趣的例子。他这篇文章的特别之处是一张照片，照片中 400 个座位的演讲厅空无一人。一位讲师想要在课上帮学生厘清评分标准是什么，结果全班同学都没有来听。于是，这位讲师在网上发布了这张空无一人的照片。你觉得，学生如此自信，认为不用听这节课，是不是因为对自己的能力水平很有信心呢？我也这么想！但遗憾的是，研究表明，学生和讲师在评估预期上的差异越大，学生最终的得分就越低（Hounsell,

1997)。这个教训有两个层面。首先，完成一项课程作业之后，你可能会习惯性地直接去找适用的文献来源。别再这样做了，先去找到适用的评分标准，会事半功倍。其次，如果你的课程中安排了讲解评分标准的内容，一定要去上课。除非你在以前有相同评分标准的论文中，拿到过非常高的成绩。这样我们放心，你也放心。邓宁-克鲁格效应可不好惹，你已经得到过教训了！

核心建议02：
学会用评分标准评估范文和自己的文章

找到课程论文的评分标准，是准备阶段的关键步骤。然而，正如萨德勒（Sadler，1989）所说，知道评分标准是一回事，有效地利用这些信息来推进自己的任务又是另一回事。再来回顾一下第1章的内容，我们在第1章讨论了认知错觉，即当一个人认为的自身理解能力与实际理解水平之间产生差异时，就会出现这种幻觉。在涉及评分标准时，就很容易出现冲突。假设你正在写一篇文章，而评估文献资料的标准之一就是相关性。该文章引用的文献有一个评分标准网格，根据不同的学科分类描述了针对相关性标准的各类表现水平。当然，你对最高等级的文章构成比较感兴趣。其具体说明如下：

最高等级的投稿要清晰、有理有据地对论文题目进行解释；文中的参考文献全部要与文章主题相关；根据论文题目，有效地组织和呈现文章内容。

无论你修哪个学位，希望上述内容都能给你提供合理、直接的说明。如果你认为你理解了上面这段对评分标准的描述，那么我来问你几个问题。你认为你能判断出一篇文章是否符合上述标准吗？换句话说，你知道符合上述标准的范文长什么样子吗？如果你知道，那么你认为你可以用这篇范文来客观评价自己的文章是否符合上述标准吗？如果你可以，那么你是否知道如何根据上述标准，对自己的文章进行适当的修改，以完善文章内容？现在来看，想要理解这段评分标准的描述并不简单。那么，从仅仅能够确定评分标准，到能够利用评分标准评估自己的文章，到底应该怎么做呢？其实，你应该像你们的导师所做的那样，通过接触论文范文来训练自己将相关评分标准应用到这些案例中。正如萨德勒（1989）所说，这样的实践能帮你积累准确评估自己文章所需具备的显性和隐性知识。

在做评分标准练习的时候，有一个好方法是充分利用课程论文的范文，导师经常会把这些范文拿来给学生参考。在这方面多下功夫，能推进你和导师之间的交流，帮你判断是否用对了评分标准。刘和卡利斯（Liu & Carless，2006）把这个过程称为同伴评估（peer evaluation）。里德尔（Riddell，2015）在一项研究中对这一过程进行了调查。研究中，参与者要先练习用评分标准去评估其他学生提交的文章，之后再用相同的标准评估自己的文章。研究结果表明，在一个学期的课程中，学生和导师在作业评价上的差异有所减少。如果已经完整地写出一份论文初稿，你甚至可以尝试将评分标准应用到你的初稿中，并以此作为与导师讨论的基础。如果你真的想采用这种方法，需要注意三件事。首先，你应该提前与导师预约，而不是捧着一大堆纸，突然出现在导师的办公室门口，忽闪着大眼睛卖萌！第二，在正式批改作业之前，导师是不会因为你的努力而给你加分的。不过，他们可能会很高兴与你对话，讨论你在评估时使用的评分标准。第三，请不要在截稿前的最后一个小时出现在导师的家门口，相信我，他们可一点也不喜欢这样。

6.2 如何搜索高质量资源

核心建议 03：
做研究时，搜索软件不该是你停靠的第一站

在获取并熟悉评分标准后，就可以进行下一步——查询文献了。在这个过程中，你一定要注意识别并确保文献来源的质量。为此，我将首先集中讨论使用互联网作为研究工具。正如我们看到的那样，互联网在评估高质量的论文资料来源方面，既提供了机会，也提供了挑战。不过，后文给出的搜索高质量资源的建议，既适用于有网络的状态，也适用于离线状态。

利用互联网研究某个课题不需要人动脑筋，事实也的确如此！过去人们做研究往往需要到图书馆，花很长时间坐在过时的、光盘储存的目录前查阅资料。在我的记忆深处，每当查阅资料时，我都必须爬上一架摇摇晃晃的梯子，从高高的书架上取下积满灰尘的书籍。此外，还要支付很贵的复印费用，因为如果需要把资料借出，一周后又不得不归还。网络让这些变得如此容易且便捷，有了搜索引擎，一切就都有了。但是，方便是否永远是一件好事呢？互联网最大的问题，尤其是对初涉研究的学者来说，便捷的背后潜藏着巨大的风险。只要有网络，任何人都可以在网上发布内容，这些未经审查的内容无法确保信息的准确性和学术的严谨性。所以，网上可获得的资源质量参差不齐。已经有研究表明，总的来说，如果你追求资源质量，那么只是点击网络搜索并非最优选择（Brophy & Bawden，2005）。遗憾的是，佩鲁索（Perruso，2016）在回顾相关文献后指出，搜索引擎已经成为学生学术研究时的首选去处。这一趋势并非局限在某些特定学科的学生——就连医学生也包括在内！贾德和肯尼迪（Judd

&Kennedy，2011）发现，医学生有41%的时间都会依赖谷歌和维基百科来获取生物医学信息；而学生搜索到的网站中，只有不到40%的内容会被导师认定为高质量资源。

研究表明，大学生倾向于利用互联网查找文献，这并不意味着学术研究中利用互联网是有问题的。然而，这恰恰暴露出另一些问题，这些问题使学生在网上搜索资源时更容易出错。此类问题包括：在搜索信息时访问的便利性优于信息质量（Connaway，Dickey & Radford，2011）、高估在线信息的可靠性（Colón-Aguirre & Fleming-May，2012），以及使用无效标准区分可靠和不可靠的网络信息（Currie，Devlin，Emde & Graves，2010）。换言之，问题的根源不在于使用互联网做研究，而是使用不适宜的方法检索在线信息，且对所查资源的质量没有足够的了解。现在我们来讨论下，如何才能有效搜索和识别网上的高质量学术材料。

目前，有研究已经生成了大量用以评估网站内容的清单，每一份清单都包含内容准确性和完整性等质量指标。你可以在奈特和伯恩（Knight & Burn，2005）的研究中看到类似的清单实例。不过这类清单在实操过程中遇到了一些问题，梅奥拉（Meola，2004）对此非常好地阐述过。例如，如果你第一次接触某个主题，某些清单会让你无所适从。假如你陷入这样的困境，这类清单能提供的指导少之又少，或者说毫无指导性可言。如果你还未熟悉文献，那该如何评估网站信息的准确性和完整性呢？某些清单上的条目，如是否有网站作者的联系方式，虽然看起来很合理，但在实践中很可能行不通。联系网站内容的作者，请他们评论信息的准确性和完整性，这里存在一个小小的方法论问题，你能看出来吗？所以，你如何看待清单各项内容的结果呢？当然，你可以在清单中添加更多条目，如查证作者的资质和专业认证，从而深入了解作者的背景。不过，这样做可能只会引发更多关于合法性的问题。因为某些听上去很唬人的证书，经过仔细查验后发现，其价值可能还没有写它的那张纸高。本·戈尔达克尔（Ben

Goldacre)在其杰作《坏科学》(*Bad Science*)中举了一个令人啼笑皆非的例子：他用家中过世的猫的名字，赢得了美国营养协会的专业会员资格认证！这绝对是真的，他还把该认证挂在了洗手间里！当然，你可以在清单中增加更多条目以证明认证的合法性，从而尽量避免被此类恶作剧愚弄。不过我认为，如果你上网搜索信息，每查阅一个网站就要浏览200项清单条目，那么这种操作很快就会落伍。

尽管清单的条目多少的确是个问题，但最主要的问题是，他们用于评判从网站获取的资源质量的指标过于表面。对你来说，更有意义的是掌握一些技术，利用外部视角评估一个网站。我们用一个简单的例子来说明这一点。假如你设置了大量的问题来审核某个网站的作者，结果发现他们的资质无可挑剔。这意味着什么？这是否能够确保作者写的任何东西都不会出错？资质健全是否能够说明他们不会受偏见影响、不会犯错误，或者对数据的解释在某种程度上是无可指摘的？当然不是。梅奥拉（2004）认为，想要保证信息评估的有效性，需要借助其他背景做判断。这意味着你需要采用网站之外的信息对网站进行评估。对想提升网站评估能力的你来说，帮助你弄明白梅奥拉所提倡的技术，比提供给你一张清单更有用。

核心建议04：
优先使用同行评审过的材料

自然正义的其中一项原则，为英国法律体系提供了基础，即任何人都不得在与自己有关的案件中担任法官。学术界对这一原则也有自己的说法：作者本人无权决定自己的作品是否好到值得发表。这与公共网络上的情况形成了鲜明对比：在互联网上，作者通常可以完全自由地发布自己的作品，且无须经过任何形式的编辑。因此，梅奥拉（2004）指出，在学习评估资源质量时，首先应该熟识学术界普遍使用的质量保证过程：同行评审（peer review）。

顾名思义，同行评审指的是作者将其作品提交至相关领域的独立专家小组，评估作品质量，并确定是否可以在某处发表。这里的"某处"既可以是线上或线下，也可以两者兼有。这个过程通常是作者持手稿与编辑联系，并要求同行评审，以期能够在他们的出版物上发表。如果该作品在该出版物的出版范围内，编辑便会邀请作者投稿。在提交原稿时，作者通常被要求声明作品创作过程中存在的一切潜在利益冲突，并表明经费来源（如果有的话）。这是第一道防线，防止既得利益的研究人员不受限制地引用明显存在偏倚（bias）的数据。例如，如果一组研究人员由制药商资助以检验某种药物的有效性，这其中存在明显的潜在利益冲突，可能会使研究结果产生偏倚。注意"潜在"一词的使用。因为这种情况下的研究，是非常正当且名正言顺的。存在偏倚风险意味着作者的身份应该公开透明，并要表明潜在的利益冲突。预先警告意味着，你可以彻查研究方法，确保该研究没有被（有意或无意地）人为操控，以达到使药物看上去更好而不与资助人冲突的目的。在收到原稿后，编辑将从作品中删除作者的个人信息。这是为了确保在同行评审过程中，结果完全基于作品的价值，而非作者和评审者之间的任何（个人或专业上的）关系。随后，编辑会将作品转发给该领域的几位学者，请他们依据给定的标准对提交的作品给出评分并进行评价。这类标准可能包括：引用的恰当性，研究方法的严谨性，得出结论的理由，写作质量等。每一位评审专家通常会被要求给出总体评价，并对该作品是否应该发表作出总体决定。专家建议的范围包括直接拒绝，不建议重新邀请提交；或者立即接受，无须修改等。编辑阅读完审稿专家的评价和建议后，对作品是否出版有最终决定权，并将此决定以书面形式传达给作者。此函件包括同行审稿专家的评价和评分。如果作品需要在修改后重新提交，那么作者应该在做出必要的修改后重新提交，并附信说明是如何处理审稿专家的评价的。

上述文字对同行评审进行了大篇幅的阐述，因为这个概念十分重要，它被认为是学术界的"黄金标准"，你很有必要将其理解透彻。所以，当你评估线上或线下资源的质量时，一定要看同行评审情况。如果你不知道如何辨别某个参考资料是否经过了同行评审，可以通过查看指导说明或作者简介，此类介绍中会引用同行评审过程（如果有的话）中的内容。如果有疑问，可以联系出版物的编辑咨询，这样一来，你就可以直奔图书馆，找出他们已订阅内容（主要是同行评审过的）的访问权限，从而节省大量跑腿的工作。多数大学都有访问管理门户（access management portal），方便学生获得需要订阅的期刊等各类出版物。OpenAthens便是此类门户中的优秀代表。大学的图书馆应该会给你提供类似的登录服务。登录后，你可以搜索到大量通过同行评审的在线内容目录，并从大学订阅的资源中下载完整的文章。如果你的大学未订阅该资源，你仍然可以阅读该作品的摘要/总结，也可以获得作者的具体联系方式。

　　熟悉大学的访问管理门户，应该是追踪同行评审内容的第一步。多数大学图书馆都会提供如何使用此类服务的说明。如果你的图书馆没有，可以请图书管理员指导你。如果你浏览学术类社交网站，如ResearchGate，也会发现其他寻找同行评审材料的捷径。在这类网站上，作者会与同行学者分享他们作品的电子副本。如果你的大学没有订阅某出版物，你可以通过这个途径获得一些资源，这些作品已经被某些门户网站识别。你也可以使用这类社交软件，了解相关研究项目和领域内知名学者的最新成果。当然，某些搜索引擎也可以让你查找特定主题的文献。这类网站都可以免费订阅，写自己的简介也很容易，随着学术水平的提高，你还可以不断修改自己的简历。如果你一定要使用谷歌搜索的话，至少使用Google Scholar（谷歌学术）搜索。顾名思义，谷歌搜索引擎的这个分支，会过滤出有关学术内容的搜索词，如可能已经过同行评审的期刊、书籍和会议记录。

核心建议05：
同行评审并非万无一失，你仍需亲自评估参考文献

学会寻找同行评审过的材料是培养信息素养（information literacy）的第一步，但也只是第一步。某参考资料通过了同行评审，并不意味着就万事大吉了，也不意味着你可以直接关闭自己的批判机能。与其他任何流程一样，同行评审的优劣，取决于它的实现方式和操作人员的优劣。能够破坏评审过程可靠性的因素非常多，多到无法详细介绍。举个例子，有时收到稿件的评审员并没有足够的资格给稿件做评审，但即便如此，他们仍会继续推进审阅流程。另外，在审查过程中，有时合格的评审员也可能无法对某项工作给予足够的关注。同行评审过程并非完美，而且它作为一种质量保证机制的有效性也有待研究。如果你对同行评审感兴趣，可以参考史密斯（Smith，2006）对它的评论。西贝尔（Sieber，2006）认为，同行评审是一种有缺陷的制度，但可能是最合适的制度。我完全同意这个比喻，但还想继续深挖一下。你应该热情洋溢地参与到同行评审的过程中，同时始终警惕它的局限性。在寻找资源时，优先考虑同行评审过的材料，但不要认为同行评审会让任何资源都变得如铜墙铁壁般可靠。评估引用材料的质量，永远都是你的责任。接下来，我将为你提供两个简单的方法，帮你做到这一点。

核心建议06：
印证并比较资料来源，培养批判性思维

对攻读不同学位的学生来说，同样的批判性评估建议很难对所有学科都适用，因为学科不同，学生对评估过程重要性的理解也不同。例如，

对攻读理科学位的学生来说，设置对照组这样的概念对评估文献的质量非常重要。但是，对学习人文学科的学生来说，质疑文学就没那么重要了。当然，对于具体的学科要搜索哪些文献，我无法提供建议，但是我可以给你一些简单的指导，告诉你如何找到这些建议。回想一下，我们在讨论网站内容清单时遇到的其中一个问题，即对某个主题的初学者来说，这类检查表相当难用。这是因为评价性判断是相对的：如果你问某人某物有多好，他们通常会要求你具体说明，这个判断需要与什么比较。问题在于，初学者缺乏必要和合适的参考点，从而无法得出有意义的判断。梅奥拉（2004）提出了两种极为简单的方法：印证（corroboration）和比较（comparison）。这两种方法可以用来生成评估信息来源所需的参考点。下面我们一起看看，如何利用这两种方法，评估某个信息源的准确性和完整性。

在谈及评估信息源准确性时，你应该想到的一个方法是印证，即参考其他信息源核实信息。第一步最好先确定所使用的信息从何而来。在第8章，我们会对第一手资料和第二手资料（secondary source）进行区分。第一手资料的来源是对研究的直接解释，如由负责该项研究的（一位或多位）研究人员撰写的期刊文章，包括这项实验的详细实验报告。第二手资料是由另一位作者（非研究直接参与者）撰写的作品，如一本介绍性的教材。无论如何，想要获得准确的信息源，明智的做法是找到第一手资料。尽管想尽量做好，但作者在阐述别人的研究和理论时，也会在无意间犯一些事实或解释上的错误。在用自己的语言描述原作的过程中，作者有时无法做到忠实、清楚地表达意思，虽然他们本该如此。如果使用的是第二手资料，你可以利用第一手资料来印证信息是否一致。不过，更好的做法是，在研究时尽量使用第一手资料。这样的话，从一开始便可避免由第二手资料引发的错误。

在印证一条信息时，你应该尝试利用不同的信息源。与独立信息源相同的信息出现的次数越多,该独立信息错误的可能性就越低。这里的关键词是"独立信息"。在同一作者(或研究小组)的不同作品中,信息出现的一致性并不一定意味着最初的信息是对的——可能是他们一开始就弄错了,并且没有意识到这一点,所以在随后的作品中复制了同样的错误。当然,印证并非万无一失。多个独立信息源完全有可能犯同样的错误,因为没有人对这条信息链进行过事实核查。因此,他们只是单纯地重复最开始犯的错误。虽然这种可能性较小,但也不失为一种可能,即不同的信息源犯了相同的错误。不过,这是一个概率游戏。与未印证的信息相比,独立印证的信息更不可能不准确。所以,如果你正在做某项研究且为如何评估搜索到的资源的质量而发愁,请把印证看作审慎评估中不可或缺的一部分。

上文我们已经讨论了准确性的问题,接下来谈谈信息源的完整性。对此,了解第一手资料和第二手资料的区别是非常有必要的。第二手资料很少会对第一手资料进行全面阐述,因为这违背了第二手资料存在的目的。例如,一篇介绍性文章的目的是汇编并突出某个主题的某个方面,并以叙述的形式写出来。它为刚刚接触一门学科的学生打下了广泛的基础,并且能够作为跳板帮助他们在此领域进行更深入、细致的研究。从这一角度来说,第二手资料的作者既不可能、也不希望像原作者那样,尽可能详细地涵盖引用的所有内容。因此,第二手资料涉及的内容必定是不完整的。你必须阅读原始资料,并将其与第二手资料进行比较,从而了解后者遗漏了哪些内容,以及对完整性是否有影响。不过,并非只有第二手资料需要与原始资料进行比较。不同原始资料本身的完整性也有很大差异。因为任何一份出版物都不可能完全、完整地描述某个主题。一些作者非常清楚这一点,所以他们在最开始便为研究设定了范围,使该稿件的局限性更加明显。这也能提示我们需要寻找哪些互补的研究成果以弥补空白。不过,即使作者这样做了,写作资料的覆盖范围也会有各种各样的不完整。例如，做研究时错过了某些相关的材料来源。作者可能有意或无意中从某个特定的角度选择偏好的信息，可能因为这些信息刚好符合自己的知识范围，或者碰巧与他们正在写的文章内容相吻合。想要真正识别信息范围的局限，唯一的方法就是查看该主题下的一系列材料。所以有人说，你读书是为了获得学位，这一点还是有些道理的。

学术界有一种方法能够有效培养你判断资源完整性的能力，这种方法通常被称作漏斗法（funnel approach）。它要求你在开始阅读某主题材料时，先从能明确突出材料广度（如介绍性章节）的地方开始，再集中注意力阅读材料中更具体的部分。从广度更大的材料开始阅读，能够帮助你概括某一主题的不同方法和观点。先广泛阅读，继而研究更具体的资料（而非反之），这一点非常重要。这样做主要有两个原因：首先，这样做能够帮助你避免因缺乏对其他观点的了解，思路被局限在某个特定的角度上；其次，学习某一主题下的不同观点，更有利于我们实现在第 3 章中谈到的主动处理信息。这是因为它引入了如何识别不同方法和观点之间差异的问题。如前所述，对材料内容进行提问和回答，是非常有效的辅助记忆手段。

我的建议是，先将印证和比较的方法应用于同行评审过的材料中。在培养你对某一学科作品的惯例和要求的理解方面，从这些资料入手远比一开始就涉足公共互联网更安全。一旦你能得心应手地处理各种同行评审过的资源，在涉足未经同行评审的危险地带并需评估其价值时会更加顺利。有一点非常重要，我们必须要承认，那就是互联网上仍然有一大片宝贵的资源，虽未经同行评审，但并不妨碍它们具备学术价值。如果因为这类信息没有出现在同行评审过的出版物中就一概不予理会，那么你将错过大量可能的有用材料。利用同行评审过的文献进行印证和比较还有另外一个好处，即阅读权威出版物发表的作品，能更好地了解你所在学科的学者是如何在学术作品中规划文献和他们的研究的。这也将我们带入课程论文的下一阶段：规划如何使用获得的所有资源。

6.3 提前规划，未雨绸缪

> **核心建议 07：**
> **规划写作时，需思考如何利用手头资源展开学术语篇**

本章开头，我建议大家寻找并研究论文的评分标准，从这个方面来说，我们已经涉及论文规划了。不过，现在我们要更具体地规划写作的过程。我相信，建议事先规划写作过程一定不会令你感到惊讶吧。因为建议你正式规划所写的内容，其实是学习指导的主要内容。可能会让你震惊的一点是，在写作过程中，文献在规划有效性方面或许没有你想象中那么强、那么明确。很少有学者研究这个课题，不过托兰斯、托马斯和罗宾逊（Torrance, Thomas & Robinson, 2000）是这少数中的一例，他们调研了学生在论文写作中使用的策略。研究发现，包括所有学科在内，为论文写作制定详细计划的学生比那些没有事先计划的学生获得了更高的分数。以上结果都在预料之中。不过，详细规划组的论文平均分数与那些仅仅是"想一下就开始"的学生相比，高了不到1%。后一组学生并未事先列出书面提纲。好吧，这的确打破了对论文写作的传统认知。所以，我是否该建议你放弃规划，只需在手指放在键盘上之前略微花一点时间思考你的论文主题即可？并不完全是。你看，上述研究的核心特点是，只询问学生是否做了计划。托兰斯等人并未调查学生在创作论文时对主要目标的理解。这一点看起来相当重要。

诺顿（Norton, 1990）也做过一项罕有学者涉足的研究，用来确定哪种写作策略能够预测学生在论文中获得高分。他在研究中指出，学生通常会将学术写作概念化。诺顿发现，导师和学生在确定论文质量时所认为的最重要的标准存在显著差异。学生更关心论文的内容（即知识的展示），而导师则更关心论点的展开（即知识的使用）。这类学生在掌握亨赛尔（Hounsell，1995）所说的学术语篇（academic discourse）上表现出了不足。学术语篇的特点是：信息的解释和论证的展开，用证据来证实或反驳某一解释或论点，以及在信息表达中使用连贯的逻辑结构。亨赛尔的论点是，在你有效规划论文之前，必须先理解学术语篇的特点。甚至，你必须把培养学术写作思维视为写作的首要目标，因为写作目的会影响规划写作的方式。事先解决学术语篇的问题，继而规划写作，比仅以列内容清单规划写作的方式写出的论文分数要高。坎贝尔、史密斯和布鲁克（Campbell，Smith & Brooker，1998）的研究也证明了这一点。他们以采访的方式收集学生的论文写作方法，并比较预期成绩和取得的真实成绩。他们发现，论文取得高分的学生并没有简单地把写作目标看作复述知识，而是将现有的知识进行重新构建。在计划阶段，这些学生更多地考虑将手头的资料整理成论文的子主题或主题。他们也会用之前印证过的信息作为论证的基础，来组织文章。最后，他们在整个初稿写作过程中集中优化和提升这些论证的陈述。这与成绩较低的学生形成了鲜明对比，后者倾向于根据所用资源的位置按顺序堆砌信息。

那么，这项研究对你们规划课程论文有什么启示呢？我认为，从有限的文献中得出的最重要的提示是：你应该把规划看作框架的搭建，帮助你围绕某个主题展开学术论述。当然，一方面在你的写作规划中，你应该展开一个论点或某个叙述，不过你的规划也应该明确阐述你将如何实现这一点。作为举例，我将在下文展示我对本书该部分的写作规划。

目标：为大学生的写作规划提供基础性的核心建议。

叙述和证据：规划在学习指导中的重要性；关于规划效力的研究很少，且不具备很强的说服力（Thomas & Robinson, 2000），可能的原因是学生和导师对课程论文的期望不同——学生优先考虑内容，老师优先考虑论证的发展（Norton, 1990）；学生通常将学术写作的目的概念化为知识再生产，而非学术语篇，即论证（Hounsell, 1995）；将写作目的概念化为机械重复信息的学生，规划写作的方式不同，如因不考虑展开论证而得分较低（Campbell, Smith & Brooker, 1998）。

论点和衔接下文：学生不应将规划视为内容清单的罗列，而应该更多地将其看作构建学术语篇的地图；给出例子和解释；阐明规划的好处，继而连接到写作风格部分。

希望从上面的例子中，你能看到我在写作实操中对我所提倡的方法的应用。注意，本节内容的规划并非简单地罗列内容清单，而是设计一张线路图，再利用这张线路图论证一个论点。为了实现这一点，我给自己的规划提了3个非常简单的要求。

（1）阐明这部分写作的目的。有效的写作和有效的阅读很像，如果你在心中设定一个明确的目标，则更容易做到。我的目标是，为本科生准备论文写作提供根本性的核心建议。注意，我的目标要求我对所呈现的信息做一些处理，而不只是呈现信息而已。这个目标虽然只有一句话，却确定了我这部分写作内容的范围，即为我后续需要查看什么信息设定了标准。这也让我开始思考规划的第二个要求。

（2）搭建有论据支持的说法。我必须思考，如何用一种有意义的方式，将我找到的信息联系在一起。当然，我完全可以只按照我发现的顺序描述这些研究，就这么堆在一起就好。可这种做法无法达成本节的目标，只能证明我找到了相关材料，而且可以描述这些材料。因此，我必须带着目的阅读这些研究，以便能够向读者提出一个说法，同时帮读者理清建议背后的理由。这让我走进规划的第三部分。

（3）陈述观点，并衔接到下一部分。在这里，我必须用我提出的说法得出一个与本节目标相关的论点，即给出承诺过的建议，帮助规划你的写作。

此时，你可能在思考如何将自己的写作分节，以便在写作整个文档时使用上文推荐的方法。其实，方法非常简单：首先确定写作的总体目的。通常情况下，这一目的会在论文中被明确阐述出来，可能是以论文考题的形式，也可能是在论文标题或简介中被陈述出来。这一点你必须十分清楚。如果这一步走错，你之后写作的每一步都只会让你离目标更远。如果你有任何疑问，务必向导师寻求解答。一旦确定了写作的总体目标，只需把作品内容看作一系列的子部分，每个子部分都有自己的子目标，也包括有证据的叙述和符合要求的衔接。

让我们以本章内容为例，说明如何规划文章的内容。我的总体目标是：提供对所有学科的本科生都适用的学位水平的论文写作指导。很明显，实现这一目标的唯一现实途径是将学术写作过程拆分成更小的组成部分，且这种拆分不受学科限制。本章内容就是围绕拆分的不同部分组织起来的，如查阅评估文件、定位高质量资源、规划内容等，逐步帮助你实现整体目标。在阅读文献时，我会将章节目标作为锚点，依次设计每个子部分的内容。这帮助我找到最优论据，并思考如何将资料整合起来，围绕目标进行论证，以及如何进入下一小节。每一小节都重复此过程，这样便搭建起了整个章节的规划。

在阅读完本章关于如何规划内容的方法后，你可能会认为这听上去工作量很大，而且完成论文的时间本就很长，这种方法只会增加你的完成时长。我并非想把这个方法强加给你，只是把它作为一个例子展示给你。

我认为你完全可以尝试自己的规划方法，那可能会更加高效实用。不过，我要提出两个附加条件：首先，务必确保自己理解了论文的目标，并将其作为规划写作内容的基础；第二，规划不应只是罗列内容的清单，而要说明你将如何围绕你的论文主题、利用你的资源展开学术语篇。你可以把撰写写作规划想象成绘制学术性的地形测量图。地形图不只是列出目的地和途经地的名称那么简单。地形图之所以有效，是因为它提供的信息能够帮你规划一条抵达目的地的路线。同样，写作规划需要做的不仅是列出你在文章中会用到的材料，还需要指出如何使用你的材料展开叙述，从而告诉你如何按导航抵达学术论证的目的地。

如果你仍然认为做规划只会增加你在写作上花费的时间，请思考下面的问题。如果你正在开车，必须厘清新的路线，而非由卫星导航系统直接为你指明方向，那么这趟行程要多花多长时间？你会从痛苦的经历中学到，当你正在开车，你的导航能力是会受限的。你很容易转错弯、搞不清方向、被迫浪费时间走回头路，或者必须想办法回到正确的路线上，当然，这样做也有风险，你可能会更加偏离正确的路线。结果呢？这次出行变成了一场漫长、压力倍增的旅行。对，写作也一样。专注于清晰表达想法（这绝不是一件容易的事）会限制你的其他能力，即将这些想法组织成连贯表达形式的能力。你更可能会将重点放在描述材料内容上，而非提取其含义。你可能会因为描述你认为最有趣的材料而跑题，不得不掉头往回走，然后重写。结果呢？写作过程中浪费了更多时间，还可能让自己徒增许多白发。如果你先花些时间给自己设定好方向便不会如此。规划如何使用手头的材料创建学术论述，通常会为你的写作节省时间！

6.4 表述清晰比其他一切都重要

核心建议08：
切忌聪明反被聪明误

我想你一定想了解是否存在一些适用于所有学科学术写作的建议。一些作者认为，学术写作的展开方式与所研究的学科密不可分。例如，他们认为，在科学学科中关于有效沟通的课程是否可以转移到人文学科中是存疑的（North，2005）。我也怀疑，关于学术写作更细微的建议可能是被局限在特定学科内的，或者至少需要举该学科的例子才能得到最好的阐述。不过，我可以给出一条建议，帮助你以一种适合你学科属性的方式发出你的学术声音。从理论层面上来说，这个建议非常简单，但实施起来却比想象的困难得多。你准备好了吗？在写作时，表述清晰比其他一切都要重要！

想在学术界有所建树，清晰的写作必不可少，这一点不言而喻。创作学术作品的首要目标是知识交流。如果作品表达得不清晰，那么它便无法有效实现这个目标。即便如此，在过去的50年里，学术写作中表达的清晰性一直备受诟病。这一点在社会科学领域尤为明显，甚至有的作品都是指责学者在出版的著作中缺乏清晰度（Billig，2013）的内容。下面我们来看看导致学术写作不清晰的两个主要元凶。

"学生在进行文本创作时，频繁地表现出一种含糊其词的倾向以博导师的欢心或混淆其对某种适用现象不够复杂的理解，殊不知这对他们写作的透明度会产生有害影响，或者他们与某种有问题的正统观念相契合，即重视复杂性而非清晰性，将晦涩难懂、冗长啰嗦的行文与深奥性混为一谈,并使读者远离对学术语篇的沉浸。"

或者用这样的方式阐述。

"你可能会忍不住将文章写得很长,希望给导师留下深刻的印象,或者想掩盖自己还没能深刻理解某个主题的事实,至少没有你表现得那么深刻。可这种做法只会使你的写作不够清晰,同时表明你被误导了,认为复杂的写作风格具有内在的学术价值。可事实上,写作的清晰性才是最重要的。不清晰的文字更可能使读者难以理解你的表达,感到挫败,转而寻找其他资料。"

以上两段文字说的完全是相同的事情,但第一段文字在我和法兰克福(Frankfurt,2009)眼里简直是一堆废话。它的问题不在于表达的信息有误,而是表述方式出了问题。在第一段文字中,我试图利用我的表达方式,让一些简单的事情听起来更复杂:这是在欺骗。我将信息的重要性置于次要位置,而把试图让读者认为我智力很高这个目的摆在首位。这种做法在学生中极为常见。在一项针对110名斯坦福大学本科生的调查中,86%的人承认曾使用复杂的语言改变文章的措辞方式,使其显得更有说服力或更有智慧(Oppenheimer,2006)。这倒是给我们提出了一个问题:为什么有人会认为,写出的作品更难理解会让他们看起来更聪明。其中一个原因可能是斯珀伯(Sperber,2010)所说的大师效应(guru effect)。大师效应指的是人们倾向于将难以理解的事物看成是高深的,而不管它们是否有意义。正如我已经证明(希望如此)的那样,晦涩的写作只会让文章难以理解。派尼库克、切恩、巴尔、克勒和弗格桑(Pennycook,Cheyne,Barr,Koehler & Fugelsang,2015)为大师效应提供了一个非常好的实验例证。在这项研究中,研究人员利用网站生成了一些毫无意义的陈述,要求大学生对它们进行评分。举个例子，整体使无限的现象趋于平静。超过四分之一的参与者认为，这些毫无意义的陈述含义深刻。先不要着急嘲笑这些被废话骗了的学生，我先问你一件事。你是否有过在电影院看一部毫无意义的电影的经历？你是否认为这是因为你对电影理论或摄影技术不够了解，无法理解导演的深意？如果是这样，你是否真的有充分的理由去忽略另一种可能性，即你刚才看到的只是废话。

说到这里，你是否开始怀疑把论文写得不那么清晰或许也不是一件坏事。你是否想利用大师效应，在写作中获得额外的学分？奥本海默（Oppenheimer，2006）的一项研究表明，因想在写作中显得更聪明，而把语言变得更复杂可能行不通。在该项研究中，研究人员节选了一些文章片段，取自英国文学课的研究生入学考试。随后，研究者对节选片段进行了处理，产生了另外两个版本的文本：一个极为复杂，另一个中等复杂。在这个极度复杂的版本中，研究人员利用计算机程序将所有名词、动词和形容词替换为 Word 文档中最长的同义词。而在中等复杂的版本中，每 3 个词替换一个词。对文本所做的唯一其他修改是，根据被替换的词，调整了相应的语法结构。参与者被要求扮演英国文学课招生官的角色，被邀请阅读一段摘录文本，并被告知这段文本是该课程考生入学论文的节选。参与者的任务是根据他们读到的内容，决定是否接受撰写该文章的考生。参与者还被要求对自己所做决定的信心和文章的阅读难度进行打分，分值在 1~7 分范围内。结果显而易见：与较简单的摘录相比，比较复杂的文章被认为更难读，且录取概率更低（即认为作者不够聪明）。很重要的一点是，研究发现，这一趋势与摘录的文章质量无关。你可能会认为，利用更复杂的行文只有拙劣的文章才会从中受益，但事实并非如此。使用较长的词语既无法弥补拙劣的文章，也无法进一步提升优秀的文章。大师效应为什么没有起作用？很可能是学术测试这一背景影响了它的运作。正如斯珀伯指出的，大师效应发挥作用的基础很可能是读者有理由相信作者的权威。在这种情况下,读者倾向于相信作者所说的是有价值的,而不会费尽心思去评估这一点是否属实。然而,在评估作品时,导师的职责是评估学生的努力程度。学生这一角色意味着一个人还未能证明自己在某一学科上拥有权威。此外,导师评价的有效性可能会被同行检查和质疑。这对大师效应来说是双重打击:学生和导师都无法打着权威的幌子掩盖劣质作品。总之,如果你想看起来聪明,能够清晰表达思想,且取得更好的分数,那便简化你的写作,而非将其复杂化。

核心建议09:
使用易读性指标,助你提高写作清晰性

文章表述不清晰并非完全因为故意用不必要的复杂语言和写法来欺骗读者。它往往反映了写得简明扼要、清晰易懂是很难且非常耗时的。当你的写作目标是解释你知道的某个东西时,这一点尤其突出。你还记得我们提及的后视偏差吗?当你写作一篇旨在阐明你的知识和理解的论文时,把之前学过的东西视为简单且显而易见的倾向对你并无益处。如果你认为以前学过的材料是显而易见的,你就会倾向于在你的作品中忽略它们,或者蜻蜓点水般地提及。这种做法会让你的文章写得不够清晰,这也是将导师作为你的读者通常是不明智的原因。导师会给你的作业打分,这没错。但如果你是为专家写这方面的文章,就容易忽略那些最基本的信息。你可能会认为导师已经知道这些信息了,再对其深入阐述便是浪费字数。然而,关键在于,导师已经取得了学位,而你没有;他们不需要展示对基础知识的熟悉程度,但你需要。比较好的做法是,将你的读者设定为聪明但不了解该领域的人,假设你的任务是把你现在知道的内容教给别人。如果这样想,你就不太可能忽略一篇论文需要你展示的对某个事物的理解,即使这部分内容在事后看起来很简单。

将文章的阅读对象假定为专家不仅会使你遗漏应该提及的资料，还会在很多方面影响你写作的清晰性。这也可能会影响你阐述知识的方式。如果是为专家撰写某一主题的文章，你可能会为了讨好他们而不使用简单直接的语言。这为不必要的冗长和复杂的写作打开了另一扇门。这也解释了，为什么就算是你认为的业界资深学者，也会有与其他人同样的写作不清晰的问题。例如，哈特利、佩尼贝克和福克斯（Hartley，Pennebaker & Fox，2003）回顾了 80 篇《教育心理学》（*Educational Psychology*）的期刊文章，发现这些论文总的来说都非常难读。此类研究的确提出了这样一个问题：如何衡量作品的易读性（reading ease），以及是否能够以这种衡量标准为基础，检查并提高写作的清晰性。

哈特利（2008）提出了一个好理解且受欢迎的度量标准——Flesch 易读性评分（Flesch Readability Score）可以帮助你评估文章阅读时的轻松程度。如果你使用微软的 Word 写作，这个工具可以作为拼写检查的一部分。它的原理是：计算一篇文章中单词和句子的长度，然后利用这些信息生成一个易读性分数，分值在 0~100 之间。分值范围（如 90~100）既与最低阅读年龄水平（如 10~11 岁）相关，又反映了阅读难度（如非常简单），并附上了相同难度文本的范例（如儿童故事）做参考。得分在 60~69 分之间的文本属于难度中等，对 14~15 岁的孩子来说是可读的。通俗小报通常属于这一范围。得分在 30~49 分之间会被归类为难读，适合 18~20 岁的年轻人阅读。本科论文应该属于这个范围（Hartley，2008）。任何低于 30 分的文章都被视为极难读懂，只适合研究生水平的读者。哈特利（2015）甚至认为，即使是专业学术期刊也应该拒绝 Flesch 分数低于 30 分的论文，并要求作者重写。我也认同这个观点。

我要强调一点，我并非要把 Flesch 易读性评分作为解决学术写作不清晰的一剂灵丹妙药。同样，我也不建议所有人在写作时都要拼命拿到 100 分。我建议使用 Flesch 易读性评分有两个目的。首先，将 Flesch 易读性评分作为一个指标，判断作品的易读性是否适合目标读者。这一点非常关键。因为使用 Flesch 易读性评分指标既不会限制你使用适合论文主题的术语，也不会妨碍你写出精细周密的句子。通常来说，学术材料本身是复杂的，使用特定学科的术语可以帮助文章更加清晰明了、简明扼要。当然，表达清晰并不等于降低专业度，即不要完全禁用专业术语或复杂表达本身，而是非必要不使用。例如，一篇本科论文的 Flesch 易读性分数为 40 分，这对其读者来说是合适的。当然，这并不是说为了让读者更加容易阅读，这篇论文就无须修改。这也将我们带到了使用 Flesch 易读性评分的第二个目的：作为一个非常方便的标尺，用以提高作品初稿的清晰度。例如，假设你正在写一篇文章，测得的 Flesch 易读性分数为 30 分。你知道这篇文章是一篇本科论文，对 18~20 岁的人来说应该是可读的。然而，你也知道，除了将论文归于非常难读的范畴之外，Flesch 易读性分数不过是一个分数而已。你可以继续改进，使你的作品更方便目标读者的阅读。初始分数帮你设置了基准，用来判断提高作品可读性的努力是否有效。将 Flesch 易读性分数看作拼写或语法检查一样的工具（提示你再多看看自己的文章），并使用这一工具来确定有些内容是否可以用更常见的语言和更直接的方式表达。

在获得 Flesch 易读性评分后，该做些什么来提高这一分数呢？既然 Flesch 易读性分数的计算是基于单词和句子长度的，那你首先应该检查的就是这两个方面。你是否使用了复杂的短语或术语，是否可以用更简单的表达将其替换，从而提升写作的清晰性呢？如果你用 10 个单词组成了一个花哨的术语，但其实用一个词就可以清晰地表达，那么使用术语的目的是什么呢？如果问题的答案仅仅是"看上去很炫酷"，那么你知道该怎么做了。你是否使用了长句，中间夹杂着很多逗号？如果大声朗读你的句子，一口气读不完，那么你需要把长句拆成短句，减少其中从句的数量。仅做这两类调整，就会大大提高你文章的易读性。这类做法普遍适用，不与任何特定学科的学术写作惯例相冲突。你应该注意到了，某些提升写作清晰性的建议，可能会与特定学科的学术写作相冲突。例如，学术类写作的特点是经常使用被动语态（passive voice）和第三人称视角（third-person perspective）（Gillett Hammond & Martala，2013）。然而，某些提升清晰性的写作指南通常会建议你尽可能减少使用被动语态、用第一人称叙述。我的建议是，通过优先使用术语和调整句子结构来提高写作的清晰性。在接受任何额外的建议之前，你应该首先核查这类建议是否与你学习的具体学科的指导意见一致。除了在 Word 中使用 Flesch 易读性评分之外，我发现应用软件 Hemingway（可以在网上找到）非常好用，对检查写作清晰性很有帮助。

6.5 你会对明显的错误视而不见吗

> **核心建议 10：**
> **有效校对的关键是，消除你对页面内容的所有预期**

经过艰苦的努力，你终于完成了作品的初稿。这时，你一定十分渴望能够迅速了结，立刻提交。无论在任何情况下，千万不要这样做。如果你想知道为什么，请允许我进行如下解释。举个例子，假设你在完成初稿后立刻进行校对，随后上交文章。你犯错的数量和程度很可能会让自己大跌眼镜，错愕不已。请注意，这里说的可不是不知为何误用了某个逗号，而是那些明显的错误——会影响你表达意义的错误。这些错误如此明显，你怎么会没有发现？你真的那么粗心大意吗？是的，是有点粗心。我们所有人都是如此。

西蒙斯和沙布里（Simons & Chabris，1999）证明了这一点，虽然方式有些出人意料。他们通过实验证明，我们对明显错误是多么地视若无睹。实验中，参与者被要求观看一段视频，视频中的一组人正在互相传球，参与者被要求记录他们的传球次数。视频中，实验人员穿着猩猩服走进场地中央，捶了几下胸膛，然后走出了场地。这个情景应该十分明显了，你应该也会这样认为。当参与者被问及传球的次数，以及是否在视频中看到任何不寻常的场景时，你可能会认为每个参与者都会这样回答："你这么说可真有意思，我发誓我看到了一个穿着廉价猩猩服的白痴。"可是你相信吗，竟然有近一半的参与者报告说"没有看到任何异常"，突然间，你没有注意到文章中重复的那个词，或者没有发现文中的错误，似乎也没那么丢脸了，是吧？这其中的原理其实非常简单。所有视觉场景中都包含了大量的信息，你无法对其进行全面处理，所以你必须集中注意力在特定的事情上。你的关注点取决于你抓住了什么信息，而这是由刺激物是否明显决定的。例如，当你等在路边准备过马路时，你会关注向你疾驰而来的车辆。不过，你看到什么也可能取决于你的期望，即你能看到什么取决于你期望看到什么。在西蒙斯和沙布里的实验中，参与者的注意力集中在传球的人身上，因为参与者被要求计算传球的次数，所以当穿着猩猩服的人走过时，许多参与者都因太专注于预期看到的事物而没有注意到预期之外或与手头任务无关的事物。参与者忽略了穿猩猩服的人，因为他的出现在预料之外，所以参与者并不会去寻找他。无论如何，猩猩服与他们本该寻找的东西无关。心理学家称这种现象为"非注意盲视"（inattentional blindness）。那么，这又如何解释校对自己作品时如此棘手这个问题呢？对，就像大猩猩研究中的参与者一样，当你校对时，你的期望蒙蔽了你的双眼。当你写文章时，你非常清楚自己想要表达什么，你希望将其在文章中忠实地表述出来。但问题就出在这里：你真正看到的并非纸面上的内容，而是你希望在纸上看到的内容。所以，当"大猩猩"以词汇缺失或重复的形式出现在纸上时，你很有可能会忽略它。非注意盲视造成的另一个问题是：它的确使人们很难在看一遍文章后就能找出其中所有的写作错误。伦斯福德（Lunsford，2008）做过一项分析学生最常出现的写作错误的研究。研究人员随机抽取了877份学生论文，从中发现了47种类型的格式错误。然后，研究人员分析了所有样本，列出了20种最常见的错误。当你校对文章时，最关注的错误是什么？是所有错误？同时？当真？那祝你好运！

校对时，该如何克服注意盲视呢？有效校对的关键是，采取措施防止你的写作期望掩盖真正写在纸上的内容。所幸，有一些非常简单的方法可以实现这一点。首先，把草稿留几天再进行校对，那时你对页面内容期待的记忆已逐渐消失。当期待减弱后，它便无法告诉你页面上应该有什么，这样你就可以看到页面上真正的内容了。当你查看之前写过的作品时，经常会发现当时没有检查出的错误，原因就在于此。因为你现在已经忘记当初想写什么了，只能依靠实际写的内容进行理解。这也是为什么导师总是告诉你，不要在最后一分钟才开始校对。另一种打破你对文章内容期望的方法是：倒着读你的初稿。我指的不是倒着读句子，而是说从头开始读一个句子，但是从一段话的最后一句开始读，然后慢慢读到第一句话。这强迫你孤立地理解每个句子，因为你没有按规定顺序阅读句子，所以会打破你对下一句的预期。这还可以帮助你检查内容，判断应该写的信息，而非你认为的信息。

在初稿和校对之间留出一段时间的做法十分有用，能将预期混淆的效果最小化。不过，这种方法，包括其他校对方法（如在检查草稿时使用高对比度背景）的问题是：你仍然在阅读初稿。无论采用何种方法来破除你对页面内容的预期，你都有可能记住一些你想要表达的内容。这些剩余的预期仍然会削弱你看到页面真实内容的能力。因此，最好的解决办法是：在校对过程中，彻底消除你对页面内容的任何期望。这一点很容易做到，你可以使用Word中的朗读功能，读出你的写作内容。如果你不用

Word，你也可以分批复制文本到谷歌翻译，让它读出你所写的内容。你可能会疑惑为什么我提倡使用电脑，而不找其他人来阅读。有三个原因。其一，人们即使不熟悉你想要表达的内容，也能识别出某些短语和表达。一旦出现这种情况，对页面内容的预期就会卷土重来，并暂时掩盖熟悉的短语或表达中可能存在的任何错误。其二，人们会因为疲劳、缺乏动力、担心作者的自尊等因素而限制自己的校对能力。电脑不存在这个问题：只要机器还有电，电脑就可以很好地完成工作。最后一点，把发现错误的任务委托给他人，这样你就把自己踢出了校对过程，可是最终的质量把控在你自己手里，所以你应该拥抱校对，将其视为一个充分学习书面写作的机会。如果你专注于校对，你可以学到很多，包括你的写作风格、容易犯的错误类型等。

在校对文章时，我建议你遵循如下指导原则。

（1）在开始校对之前，请完成所有改写工作。如果你在校对时想要重写材料（而非修改），可能产生的新错误和解决的现有错误一样多。在你准备好寻找文章错误时，你的初稿内容和结构应该已经达到了令你满意的程度。

（2）一旦你对初稿的内容和结构感到满意，那便暂且将其丢开几天。你需要尽量忘记你打算在页面上写的内容，只有这样才能看到页面上真正写了什么。

（3）当你再次查看初稿时，把你的校对工作分成几个部分，如按段落分。不要试图一次性校对整份文件，因为这样你会疲劳，会错过某些错误。

（4）首先查看你文章的第一部分，看是否有被文字处理软件标记出来的明显错误，如拼写错误和语法错误。再回查一遍，如果有必要修改，即刻纠正这些错误。软件并不能识别出所有的错误，但至少可以标出最明显的一些，并且帮助你更容易找出与词汇含义相关的错误。不过，文字处理软件本身不能很可靠地检测出与文章含义相关的错误。

（5）接下来，阅读第一部分的内容，从最后一句读到第一句。改正你阅读中看到的所有错误。如果你调整了某个句子，请在继续检查之前，重读纠正过的句子。

（6）倒着读完这一部分内容后，使用 Word（或同类软件）的朗读功能把文章读给自己听。将注意力集中在朗读上，而不是文字上。如果听到错误，暂停播放并立刻在文本中纠正错误。回放核实刚刚出错的句子，以免因修改造成额外的错误。

（7）修改文章下一个部分。修改剩余的所有部分时，重复（3）到（6）的步骤。

我的校对方法听上去工作量确实很大。你或许已经花了很长时间来研究和准备你的论文，所以更不要因为对校对过程的疏忽，而让自己的努力白费。如果你没有对自己的作品进行有效的检查，那便是在损害它的清晰性、削弱它的影响力、侵蚀写作者的信誉。投入时间进行有效校对，最终的成果总能在分数上得到体现。

6.6 如何从他人的反馈中获益

核心建议 11：
接受反馈时，请放下自尊

我想以一件趣事开始本章的最后一部分。在我看来，这段故事给我们的启示是所有学习者和做教学研究的人都不会反对的。时间来到 1995 年。当时我还是一名新生，刚刚收到导师对我第一篇论文的反馈。我信心满满，因为入学考试中我的心理学课程得了 A，而且我也为写作这篇论文付出了极大的努力。我去心理学服务台拿我的反馈表，满心期望能得一个高分。然而，给我打分的导师有另外的想法。我手里拿着的反馈表上写着"中等"的分数。这说明，我的文章很一般，不好也不坏。我当时失望透顶。我随即将反馈表塞进书包，气冲冲地转身便走，但我克制住了受伤的自尊心，没有愤怒地大喊："中等？他们知道我是谁吗？"随后，我坐上了回家的公交车，一路上都在找别人的问题，唯独不想自己的问题。不管怎样，我回到家，喝了杯茶，做了两个决定。这两个决定对我的学术生涯至关重要。第一个决定：我的目光不再只盯着分数，而是将注意力转向反馈给我的书面评价上。评价上的争论点似乎是我没有把文章讨论的焦点聚焦到足够小的范围，想要表达的内容过多，这导致我的论文很肤浅，没有进行任何批判性分析。虽说知道这些并无助于极大改善我的情绪，但至少给了我希望，让我知道我可以提升。不过，我不确定的是，关于导师缩小论文讨论重点的建议，采用哪种方法实现最佳。这时，我作出了学术生涯的第二个关键决定：去见导师，询问他如何最好地实现他给的反馈意见。导师提出了一个解决我的问题的很简单的办法：在未来的论文写作中，利用引言来具体说明我关注的重点，这能够帮助我控制论文的写作范围，同时留给我足够的字数用于批判性分析。老实说，当时听到这些建议，我感觉似乎太简单，不够真实。然而，当我在下一篇文章中按照导师的建议去做后，我的论文在班级中被评为甲等。

核心建议 12：
切勿将反馈视为单向对话

我这件关于反馈的趣事反映出一个潜在的隐患，即当涉及学术写作及真正的文献教学和学习时，有一件事十分令人担心：学生对反馈的反应。如果你真的对这个话题很感兴趣，温斯顿、纳什、帕克和朗特里（Winstone, Nash, Parker & Rowntree, 2016）对此提供了全面的概述。对于目标来说，这里只提及与文献反馈相关的内容，即学生往往对如何在作品中实践反馈缺乏信心（Doan, 2013）。知道自己做错了或者做得不够好是一回事，以某种方式将这种认知应用在未来的论文中从而获得回报则是另一回事。毕竟，反馈只有用了才会有用。

我建议你做两件非常简单的事情，保证你能够从反馈中获益。首先，避免将你收到的反馈看作单向对话。如果你不明白如何根据反馈意见解决作品中出现的问题，不妨约个时间去见见导师。这个建议看似平平无奇，但很多学生都没有抓住这个机会与导师讨论他们的反馈，即便导师明确要求学生这样做。例如，邓肯（Duncan, 2007）发现，只有31%的学生与导师进行了一对一的反馈讨论。尽管研究人员尽力宣传了参与反馈讨论的好处，通知到位，并将学生的额外工作量降至最低，但这种情况还是会发生。你可能会认为，请导师就其对你的反馈进行对话可能会被导师视为对抗或强迫，但事实并非如此。导师明白学生根据反馈进行修改的重要性，并且乐于与任何需要帮助的学生见面，帮助其提升自己的论文。你可能会认为，寻求导师的帮助可能会给导师留下能力不足的坏印象，但实际上，寻求帮助更有可能给导师留下良好的印象，因为这展示了你希望学习和提高自己成绩的决心。

想从反馈中获益，你能做的第二件事是：提前确定与导师对话的内容。如果仅仅是与导师见面，却没有事先安排讨论内容，可能会让导师认为你并没有理解他们的反馈，或者导师与你讨论的不是你真正需要得到帮助的反馈内容。因此，在设置反馈对话的内容时，想一想做哪些准备才够让此次对话对你有用。关于这一点，萨德勒（Sadler, 1989）提出了一些非常明智的建议。首先，你需要确保很清楚地知道导师对你的期望是什么。第二，你需要知道如何将你的作品与你追求的标准进行比较。第三，你需要明确减少你当前作品与期望作品之间差距的行动。在面对你不知道该如何执行的反馈时，我建议你试着记住这个三个问题："期望是什么？这和我之前写的有什么不同？我该做些什么才能满足这些期望？"如果能回答这三个问题，那你便拥有了提高自己表现的信息。

本章小结

充分利用一切优质资源

我们来总结一下本章关于如何准备论文的核心建议和指导。

明确评分标准

- 你必须熟悉你正在准备的考试所适用的评分标准。练习使用这套标准来评估给出的范文和你自己的文章。你也可以以评分标准为基础，与导师讨论你的论文如何展开。

获取并评估资源

- 在寻找论文参考文献时，优先考虑经同行评审过的材料。使用大学里的访问管理门户（如 OpenAthens）来查找同行评审的材料。ResearchGate 和 Google Scholar 也可以用来搜索同行评审过的材料。不要直接使用谷歌和网络百科（如维基百科）进行学术研究。

- 记住，同行评审并非质量的保险。你仍需自己来评估这些文献。利用印证和比较的方法，评估从不同文献中获得的信息，从而培养自己评估文献质量的能力。这可以保证你不仅仅满足于经同行评审过的材料，也不会将未经同行评审过的材料拒之门外。
- 使用漏斗法研究某个主题。即从更广泛的资料入手研究，如从文献综述（literature review）和引言章节入手。这些资料能够帮助你了解现有文献的广度，并为之后论点聚焦后的材料提供背景。如果你一开始就研究更具体的资料，很容易只见树木不见森林，变得不知所措。

规划写作流程

- 规划你的论文，但避免只是简单地列出文献来源或写作内容。你规划的首要目标应该是确定将如何围绕你的文章标题/问题，利用你手里的资料，完成一篇学术语篇。做规划，就像绘制地图一样，只有当它告诉你如何从 a 点到达 b 点时才有用。

掌握要点

- 将"表述清晰"设定为写作的首要目标；利用易读性指标，如 Flesch 易读性分数，确保你的写作是适合目标读者阅读的；使用较短的句子，避免不必要的术语，能够使你的文章更容易读懂。
- 把你的文章发给一个门外汉阅读，而非该领域的专家。这能够帮助你检查出你应该展示的但是遗漏的知识，也能够避免你为了取悦读者而使用一些复杂结构。

校对

- 你可以这样做：完成初稿之后，过几天再校对；在校对每一部分时，从最后一句开始阅读，一直读到第一句；

使用文本语音功能，逐字逐句地朗读你的作品。

巧用反馈

- 如果你不确定如何利用外界的反馈来改进你的文章，我建议先找到你的导师，与他对话。在开始此类对话前，请准备好讨论的内容。对于研究和写作中的任何问题，确保你能够理解预期标准，你做了什么使你偏离了预期，以及在随后的论文写作中可以做些什么来改掉所有的问题。

本章想要给出一些建议，帮助大家在写学位水平的课程论文时有一个坚实的开始。尽管如此，写作的过程依旧困难重重。你还是会犯错误，会受到批评（有时会是很严厉的批评），以及获得不那么理想的分数。错误和批评，是学习过程中不可或缺的一部分，这并非什么令人羞愧的事情，不要为此过分不安，不要让自尊阻碍你的学习。以谦虚之心拥抱批评，以积极的心态回应批评，你可能会发现，批评转变为赞扬的速度，超出你的想象。

第 7 章

合作
影响沟通与批判性思维的重要因素

只有团队没有"我"

所有你不满意的关系中都有一个相同点:在这些关系中都有你自己。

——绝望股份有限公司

自20世纪90年代中期以来，关于大学生学术性团队合作的研究变得越来越普遍（Gibbs，2009）。这是因为学者对合作学习对学生素养的影响（Johnson，Johnson & Smith，2014），以及学术团体在沟通和批判性思维等通用技能发展中的作用越来越感兴趣。众所周知，招聘者均高度重视员工是否具有出色的团队合作能力。我甚至认为，如果你在求职信中写"我适合独自工作"，可能会被大多数雇主排除在外，除非你要应聘一个灯塔看守人的职位。而且，你的学位评价中也会涉及一些团队学习、团队互动的情况。

高效的团队合作非常重要，然而塔克和阿巴西的研究发现（Tucker & Abbasi，2016），大学生的团队合作情况并不乐观，出现了以下问题：个人没有尽到自己的义务，协同决策困难，个体性格差异大，组织存在问题，团队出现冲突等。一些研究表明，如果可以选择，大学生更愿意独立学习（Knight，2004）。还有研究甚至发现了一种被称为群体仇恨（group-hate）的现象（Sorensen，1981），它是一种在面对组织工作前景时深深的不安感（Myers & Goodboy，2005）。也有证据表明，糟糕的团队合作经历会导致学生对未来类似的团队工作持有难以改变的负面看法（Favor & Harvey，2016）。你呢？期待和同学合作吗？

经过对大学生团队合作现状的研究后发现，大学生的团队合作似乎与"人多力量大"这样的老话相矛盾。很多研究表明，本科生常常觉得大学课程没有交给他们如何进行团队合作。例如，威尔逊、何和布鲁克（Wilson，Ho & Brooke，2018）发现，在他们所调查的理科本科生中，只有不到60%的人认为大学课程帮助他们掌握了团队合作技能。因此，本章将带着大家了解一些团队合作的心理学研究，以解释大学生普遍经历的问题，并探讨能做什么来解决这些问题。希望这一章能够帮你避免在第一次与同学合作时就想退学，就像退回到荒野生活中去一样。

7.1 你期待团队合作吗

核心建议01：
你并不像自己想象的那样喜欢团队合作

大学生（和组织成员）在团队合作过程中的一个主要问题是：团队分工不均。博戴特和哈斯提（Burdett & Hastie，2009）进行了与团队协作有关的问卷调查和访谈，他们发现引起不满的最主要因素是工作量的问题，其中最突出的是成员的贡献大小有差距。为了解决这类问题，我们需要先阅读一些心理学文献，了解一下个体在团队工作时的懈怠情况，以及这是什么原因所致的。这也是对社会心理学中一些经典研究的短暂探索。

社会心理学的第一个实验在1882~1887年进行，但不是由一位心理学家实施，而是由一位名叫马克西米连·林格曼（Maximilien Ringelmann）的法国农业工程师所开展的。而且，他的研究目的并不是为团队合作提供任何证据，而是观察人、机器和动物在各种农业任务中的表现。林格曼早在1913年就发表了文章，但直到1986年，卡拉维茨和马丁（Kravitz & Martin，1986）才通过一番周章获得了原作，想要翻译和转述其内容。文章中，林格曼对比较工人水平推或拉货物的表现很感兴趣，他最感兴趣的是实现这一目标的方法。此外，他还想比较个人和群体在任务中的表现，为此他进行了一系列的试验。在这些试验中，参与者被要求独自一人拉一根长度为5米的绳子，这根绳子被连接在测力器上，参与者需要竭尽全力拉绳，并且坚持4~5秒的时间。一人独立拉绳结束后，林格曼要求参与者以7人一组和14人一组分别再进行一次试验。林格曼所使用的方法能够轻易检测出是否每个参与者都百分百用力，并且这个方法适用于很多任务。首先，他先拿到了该任务中每个成员独立拉绳时的最大拉力数据，从而得出所有成员相加的最大拉力数据，理论上，最大团队成绩应等于其每个成员的最大成绩之和。然而林格曼发现，参与者在团队合作中并没有用出他们最大的力量。此外，一个小组的理论最大潜力和他们实际表现的最大潜力之间的差距随着小组人数（group size）的增多而增大。也就是说，人们会在团队中懈怠，团队越大，懈怠现象越突出。林格曼表示，个人努力的减少可能是由于难以在群体中做好协调，以至于无法贡献出最大的拉力。公平地说，对个体而言，随着团队规模的增加，确实需要一部分精力用来进行团队协调。林格曼还推测，个体努力的减少可能是因为动机的降低，时间一长，团队中的每个成员可能会越来越相信他们的同事能够完成手头的任务，因此，他们开始走过场似的工作。然而，林格曼没有做进一步的试验来验证这些解释。直到 20 世纪 70 年代中期，心理学家才进一步阐明了林格曼效应（the Ringelmann effect）。

英格汉、莱文杰、格雷福斯和佩卡姆（Ingham, Levinger, Graves & Peckham, 1974）重现了林格曼效应，他们复制了基本试验设置：参与者单独拉一个拉力器，或者在不同规模（最多 6 人）的小组中合力拉拽。不过，他们也修改了试验，以检验随着团队规模的增加，个人是否会由于团队协作而减少个人的努力。他们的修改简单而精巧：添加了一个伪团体条件，即参与者在完全由研究人员组成的小组中完成任务，而他们自己并不知情。研究人员位于参与者的后面，表演出拉绳子的样子，但实际上并不施加任何拉力。在这种情况下，任何由于团队规模而导致的参与者拉动努力的减少，都不再是由于团队协调问题而导致的，因为只有参与者真正参与了任务。英格汉等人的研究结果很清楚地显示：个体会随着群体规模的增加而减少自身的努力，无论群体是由真实成员还是伪装成员组成。团队协调不是问题所在，参与者只是在小组中没有他们独自工作时那么努力。这种现象后来被称为社会惰化（social loafing）（Latané, Williams & Harkins, 1979）。

这是一个很有价值的发现，但我们有必要了解为什么会出现这种情况。英格汉等人推测，参与者之所以会出现惰化现象，是因为当他们处在一个团队中时，他们可能觉得自己不需要付那么多责任了，或者认为个人努力无法计量，于是他们就懈怠了。也许个人责任感的缺失是社会惰化的催化剂，带着对这个问题的兴趣，威廉姆斯、哈金斯和乐坦（Williams, Harkins & Latané, 1981）设计了另一个实验来研究社会惰化现象。他们之所以想要做这样的研究，原因有三个：首先，他们想要确定社交惰化的原因是否如此深奥；第二，在拉绳任务中，参与者得不到反馈，他们没有克服阻碍，也不知道拉力器上的读数，因此，他们可能会因为缺少动力而减少努力；第三，拉力的读数会因为技术性的问题而发生改变，如果一个人将绳子稍稍拉向中线的左边或右边，即使所施加的力保持不变，拉力的读数也会下降。

在实验中，威廉姆斯等人不再进行拉力测试，而是要求参与者不管自己有1个同伴还是5个同伴，都大声地喊叫。实验者在参与者不知情的情况下记录下来他们的音量。在实验的第二部分，他们在实验设计中加入了伪实验小组。在这些小组中，每个参与者认为自己依旧有1个或5个同伴，但实际上他们只是对着隔音的四壁大喊大叫。所有参与者都戴着耳机和眼罩，他们无法得到关于自己或其他参与者表现的视觉或听觉信息。这样做的目的有两个。第一，创造一个虚构的实验目的，如让参与者以为该实验是想研究群体声音的感官反馈作用。这种欺骗是必要的，其目的是防参与者猜到研究的真正目的，并相应调整自己的行为。第二，避免让伪实验小组中的参与者知道自己是在一个单独的实验室里。最后，这么做可能也是为了避免参与者因尴尬而想钻地缝。实验者告诉参与者这个实验要测量他们喊叫的最大音量，所以不管是独自一人还是有同伴，他们都要大声地喊，由实验者来测量他们的音量。这很重要，这等于告诉参与者，只有被告知独自一人大喊时他们的声音才会被记录下来。与林格曼的研究一样，当参与者身处一个群体时，无论是真实群体还是伪群体，他们都会减少自己喊叫时的努力。例如，在伪群体条件下，当参与者认为自己有一个搭档时，他们的喊叫音量是他们单独喊叫时的69%。

在实验的第二部分，研究人员做了一个很小但非常重要的改变：每个参与者都有麦克风，并被告知即使在团队中他们的音量也能被记录下来。实验指令不变：以最大的音量喊出来。猜猜结果如何？这次社会惰化效应消失了。后来，他们做了进一步的实验，威廉姆斯等人重复了实验过程，不同的是，参与者被随机分配到不同的组中。研究人员在不同组别中告知参与者，他们的贡献是否会被全程记录。研究发现，那些以为自己的贡献会被记录的人，无论是独自一人还是在团体中，都会很努力地付出。那些以为自己的贡献不会被记录的人，无论是独自一人还是在群体中，他们的努力水平始终较低。最后，那些认为自己只有在独处时才被记录贡献的人，在群体活动时投入的精力比单独活动时投入的精力更少。有趣的是，当被要求估算出他们在整个实验过程中所付出的努力占他们的最大喊叫能力的百分比时，参与者很容易给出低于100%的数字。这些数字在组间表现一致，这表明参与者没有意识到（或不愿承认），当他们在一个团体中或不被问责时，他们所付出的努力较少。

核心建议02：
由朋友组成的团队并不会比由陌生人组成的团队少些懈怠

你可能会想，上述研究中观察到的社会惰化是否因为参与者彼此陌生？是否因为不是自己选择的团队，所以大家对任务没有共同努力的动力？也许如果个体只与自己选择的队友一起工作，就不太可能懈怠，以免让队友失望？很遗憾地告诉你，对社会惰化效应的研究结果表明，事实并不像你想的这样。阿加瓦尔和奥布莱恩（Aggarwal & O'Brien, 2008）对商学院本科生进行了一项研究，他们先以小组为单位对参与者进行了一项评估，评估内容包括：小组规模、小组组成形式（即小组是由导师指定还是学生自愿组成），以及每个团队成员的贡献。他们还要求参与者对团队社会惰化程度以及整体团队工作满意度进行打分。研究结果表明，由导师组织的小组和由学生自己组织的小组报告的社会惰化程度没有差异。

和朋友或者至少信任和尊重的人一起工作，不会降低群体的社会惰化程度。这一说法乍一看似乎有点反直觉。威廉姆斯和卡劳（Williams & Karau, 1991）进行的一项研究，解释了为什么与熟人一起工作并不能解决惰化的问题。另外，除了社会惰化效应，他们还对社会补偿效应（social compensation effect）进行了研究。社会补偿与社会惰化相反，指的是团队成员通过增加自己的努力来抵消合作伙伴的不良表现。他们的实验涉及一个简单的想法生成任务，在这个任务中，每组参与者都必须尽可能多地说出研究人员给出物品的用途。说出的用途的质量不重要，数量要越多越好，即使无意中重复了其他人的建议也没关系。参与者被分成两组，每组4~8人。第一组为同时行动组，组员必须同时在纸上写下每个物体的用途，然后把它放在座位旁边自己的盒子里。研究人员告诉参与者，他们将查看每个参与者提出了多少建议。也就是说，每个参与者都有责任提出尽可能多的用途。第二组为集体行动组，参与者需要把他们的每一个建议放在同一个盒子里，这种情况下，组内成员共同承担提出尽可能多建议的责任。你应该能预想到结果，第二组比第一组提出的物品用途的数量要少。研究人员还想得知，对合作伙伴的期望是否会影响个体惰化的倾向，于是他们对基本的实验设置进行了简单的修改：参与者两人一组完成任务，但他们不知道搭档是研究人员。当只有参与者和搭档两个人时，这个搭档，也就是研究人员会通过一些陈述改变参与者对自己的期望。为了操纵参与者对他们的信任程度，他们要么会说他们会非常努力地完成任务，要么会说他们不会花太多精力去完成任务。为了操纵参与者对自己能力的看法，他们要么声称自己非常擅长这类任务，要么说自己总是很难完成这类任务。实验结果表明，当参与者认为自己的搭档不愿投入精力或能力较差时，社会惰化的现象就会减少。这就解释了为什么当你与朋友一起工作时惰化现象反而更严重——因为你相信他们会为你而努力，你相信他们有能力，而且他们可能也会以同样的眼光看待你。这个结论令人暖心，也有一些模糊，但它肯定了在团队协作中都会出现社会惰化现象这个观点。

核心建议 03：
使用同伴评价来减少合作的社会惰化现象

个体对团队绩效负责任的程度，是影响个体出现社会惰化现象的关键因素。如何加强一个团体的责任感，并且不让这个过程沦为政治迫害呢？研究表明，使用同伴评价（peer evaluation）系统——让团队成员根据指定的标准来评价彼此对项目的贡献——可以有效减少社会惰化。例如，阿加瓦尔和奥布莱恩（Aggarwal & O'Brien, 2008）经过研究发现，在群体中进行多维度同伴评估能降低社会惰化的水平。这与布鲁克斯和埃蒙斯（Brooks & Ammons, 2003）的早期研究结果一致。如果使用方法得当，同伴评价能够确保过程中没有人感到不公平。研究还发现，使用同伴评价与团队工作满意度显著相关（Pfaff & Huddleston, 2003）。进行同伴评价时要考虑三个主要因素：评价的时机、评价的频率及评价标准的具体性。团队活动一开始就用评价机制能够保证其有效性，因为它预先提出了个体的贡献量，而且个体将从一开始就对这些贡献量负责。让小组成员在完成任务后互相评价，对于所有人来说都太迟了。同样，为了使团队成员回应同伴提出的任何问题，需要进行不止一次的评价，即只进行一次评价远远不够。最后，评估团队成员贡献的标准需要透明、具体和可观察（Gibbs, 2009）。布鲁克斯和埃蒙斯（Brooks & Ammons, 2003）在一项研究中很好地使用了同伴评价。在研究中,他们进行了一项调查,要求参与者对同伴在诸如"及时参加团队会议"和"在截止日期前完成任务"等指标上给出从1(从不)到5(总是)的评分。这些指标均是团队成员被期望做到且能够被他人监督的行为。公平的评价源于证据,特别是当这些指标是由团队成员共同决定并明确标准的时候,可以防止主观打分。这样的标准可以是:团队成员必须准时参加团队会议,如果不能参加,必须在会议前3天内通过电子邮件的形式告知团队。

同伴评价的条目和标准类似于个人绩效评价的评分及评级的标准,需要涵盖工作的所有维度,而评级标准需要显示出对分数的要求。同伴评价是由学生自己设定期望,而非导师。然而,两者目标均相同:人们需要知道他们被期望做什么,以及如何提高自己的表现。当涉及团队合作时,同伴评价可能是克服头号公敌——社会惰化——的有效方法。但不能随意制定同伴评价,它需要团队成员之间进行清晰的讨论,这就把我们带到了团队合作的下一个话题。

7.2 确保重要信息在团队中有效传达

核心建议04:
你对团队的贡献并不像你想象的那样大

沟通问题可能是大学生不太喜欢团队合作的主要原因(Hassanien,2006)。沟通方面的问题有很多,我挑出一个很基础且是你完全能解决的问题来讲一讲。你以为对团队说的每一句话都能够传递给团队中的每一个人,但是每个人都会夸大自己在团队中的表现和对团队的贡献,这是一个影响团队高效运转的大问题。如果你认为团队正在关注你所传达的重要信息，实际上他们却在无所事事，这就会带来不好的结果。

心理学家把这种自我膨胀的感觉称为聚光灯效应（spotlight effect）。季洛维奇、梅德维克和萨维斯基（Gilovich, Medvec & Savitsky, 2000）对这一效应进行了开创性的研究，在他们的研究中，由3~7名参与者组成一个团队，讨论群体动力学。参与者需要想象自己是一个委员会的成员，该委员会的职责是调查美国贫民区的相关问题，然后以政策声明的形式提出一些解决方案。参与者有20分钟的时间用来讨论，10分钟的时间用来创建（并签署）一份政策声明。在完成陈述后，参与者需要从4个方面给每个小组成员（包括自己）排名：个体推进讨论的程度、个体说话出错的次数、个体可能冒犯其他成员的言论数量，以及个体会引起其他成员批评的言论数量。参与者需要进行两次排名：其中一次，他们被要求从团体角度出发，估计团体给每个成员的排名；另外一次，他们被要求从个人角度出发，给出他们个人认为合适的每个成员的排名。这能够让研究人员了解每个参与者给自己的排名和其他人对自己的排名，并且将两个排名进行比较。结果清楚地表明，参与者对自己贡献（无论是积极的还是消极的）的排名都高于组内其他成员给自己的排名。参与者普遍认为，自己的表现在别人眼中比实际更突出。

但是，在别人眼中，我们并不像自己认为的那样引人注目。这是一把双刃剑，好的一面在于，人们可能没有注意到我们一时的疏忽或错误；然而，同样，人们也可能错过了我们的高光时刻。不管怎样，我们为什么会认为自己很引人注目呢？我们都有潜在的自恋倾向吗？如果你拍了一张自己正在阅读这本书的自拍，并把它发布在朋友圈里，那么我的答案是："是的，你就是这么喜欢引人注目的感觉。但还是非常感谢你的免费广告！"对聚光灯效应的研究表明，这种想法与虚荣心关系不大，它更像是商家从我们口袋里掏钱的常用手段。想象一下这样的场景，你到商店里买电视，看中了一台，看一看价格标签，发现"天哪！这台电视机原价是1 000英镑,现价只要500英镑!太值了,不能放弃这个机会!"。也许这台电视机本来就是500英镑,为了让你觉得捡到了一个大便宜,商家抬高了电视机的"原价"。现在,回到现实世界,这被称作锚定效应(anchoring effect),即最初的信息会对随后的判断产生巨大影响的倾向。在上面的例子中,最初的信息是电视机的原价1 000英镑,这个价格决定了你对这台电视机价值的判断。与所谓的"原价"相比,减价50%让人吃惊。但如果商家设定的"原价"远高于电视机的实际市场价值,那该怎么办?在这种情况下,你应该关注的不是"原价"和"现价"之间的差异,而是"现价"本身是否体现了电视机的实际市场价值。一台价值500英镑的电视机以500英镑出售,看起来也就没有捡到便宜的感觉了。更过分的是,你现在才意识到"特价商品概不退货",但你已经掉入了商家的"锚定效应"的陷阱。真是老奸巨猾!

一些研究人员认为聚光灯效应可能是锚定的产物(Gilovich, Medvec & Savitsky, 2000),因此他们用实验来验证这一猜想。实验设置很简单,他们招募了一些实验参与者作为该实验的观察者或被观察者。观察者以组为单位坐在房间中央的一张长桌旁填写一份问卷(这只是一个分散注意力的任务),被观察者需要按照要求穿上定制的T恤。在第一个实验中,被观察者必须先穿上一件印有过气明星头像的T恤;在第二个实验中,T恤上印着一个当红明星的头像。被观察者逐一走进观察者的房间,再出来。之后,研究人员询问每个被观察者认为有多少人关注到自己T恤的头像,又询问每个观察者是否能回忆起被观察者T恤上的人是谁。果然,聚光灯效应出现了。不管自己T恤上的头像是过气明星还是当红明星,被观察者都高估了关注到头像的观察者的人数。季洛维奇等人提出,参与者若主观认为自己的T恤的醒目程度(conspicuity)高,他们就会认为自己在他人眼中的醒目程度也很高。也就是说,因为觉得自己很引人注目,所以认为其他人也会觉得他们很显眼。

季洛维奇等人提出猜想，如果聚光灯效应是由于醒目程度被锚定在高水平，那么当参与者逐渐适应了这些T恤后，应该会降低他们的醒目程度，并抵消聚光灯效应。为了验证这一理论，他们再次进行了实验，但这一次的实验有一个重要变化。被观察者被随机分配到两组之一。在立即暴露组中，他们穿上T恤后立即进入观察者的房间。在延迟组中，他们先穿上T恤在另一个房间用15分钟填写一份不相关的问卷，之后才进入观察者的房间。在他们填写问卷的时候，有两个研究人员在房间外聊天，让被观察者认为这里是一个真实的社交区域而非实验室。实验结果证实了季洛维奇等人的猜想。当被要求预估有多大比例的观察者注意到他们的T恤时，延迟组的被观察者给出的估计值比立刻暴露组的被观察者给出的要低，说明延迟确实削弱了聚光灯效应。研究人员认为，这是因为在延迟状态下的被观察者逐渐适应了T恤引起的感觉。因此，他们判断自己醒目程度的锚点低于没有适应T恤就立刻暴露的被观察者。聚光灯效应并不意味着我们可能不像自己感觉的那样引人注目，只是意味着我们对自己醒目程度的判断会被主观视角人为地固定在一个高水平上。也就是说，我们对自己醒目程度的预估所做的任何调整都不够。

核心建议 05：
转变视角能帮助你更准确地感知自己的醒目程度

如果聚光灯效应的出现是由于视角的不同，那么我们能否通过让人们采用不同的视角来削弱这一现象呢？最近的研究表明，原则上可以这样。麦克雷等人（Macrae et al., 2016）对季洛维奇的研究进行了一些改动，在他们的第一个实验中，参与者被分成两组，每个人依次单独与研究人员见面。研究人员要求参与者想象下面的场景：自己穿着一件印有蓝鲸的白色衬衫（研究人员提前展示过蓝鲸图片），正在一间常去的教室门外和几个朋友聊天，聊天过程中40名同学会从身边走过。研究人员告诉其中一组参与者这个场景将在第二天发生，告诉另一组参与者这个场景将在3年后发生。在没有任何指示的情况下，参与者需要花20秒想象这个场景，之后用第一人称（行动者）或第三人称（观察者）描述这个场景。结果表明，被告知场景将在第二天发生的参与者在描述时主要以第一人称视角进行描述，被告知情景将在三年后发生的人主要以第三人称视角进行描述。

在第二个实验中，研究人员想知道是否可以通过控制参与者所采取的视角来控制他们对自我醒目程度的感知。因此，他们用相同的想象场景重复了这个实验，但这次研究人员明确要求参与者用第一人称或第三人称的视角想象场景。此外，在这次的场景中，参与者T恤上印了一张令人尴尬的图片。在参与者想象完这个场景后，研究人员问他们，经过他们身边的40个人中有多少人会注意到他们的T恤。果然，被要求采用第一人称视角想象场景的参与者，比被要求使用第三人称视角的参与者预估的人数要多。这个实验被重复了第三次，增加了一个参与者对自己尴尬程度的评估。实验证实，参与者从第一人称角度想象场景时比从第三人称角度想象场景时感觉更尴尬。

不难想象，聚光灯效应是如何在团队会议场景中发生的。你想要回应一个小组成员提出的观点，但你没做任何准备，于是即兴表达，边思考边说，这导致你说出来的内容模糊、不连贯。这时你可能会觉得自己格外显眼，这就是聚光灯效应在你身上发挥的作用。研究人员提出了三种方法帮你解决这样的问题。第一，提前准备好你想要表达的观点，而不是现场即兴发挥。如果能提前在团队内公布会议议程（agenda）（就如在本章稍后的部分提出的那样），这一点就不难做到。如果遇到一些计划外的话题，可以在心里进行预演，如在会议期间先在心理酝酿一下发言内容，让其他人先表达他们的观点。进行心理预演可以让你适应发言的感觉，从而使你在表达观点时不会感到自己已过于显眼。第二，在心里排练发言内容时，可以试着将自己想象成他人进行准备。因为当你把自己想象成他人，然后用第三视角看自己的时候，就不会觉得自己引人注目了。第三，在发言中加上一些互动，不要简单地询问是否有人听了你刚才说的话，这可能会有点对抗性。你可以采用教授们的方法，提出一些需要团队共同思考的问题。如果这时每个人都突然沉默下来，要么是聚光灯效应来了，要么是他们需要来点咖啡提提神了。

7.3 群体思维理论

核心建议 06：
团队具有群体凝聚力不代表团队能够作出明智的决策

上一节我们谈到了跳出第一视角的去中心化（decentre）的方法对团队沟通的重要性，你可能会期望将这种思路延伸到群体决策过程中去。人们在直觉上普遍认为，接受他人观点可以促进群体凝聚力，帮助团队和谐地作出决策，团队成员的一致性（conformity）或凝聚力是决定决策过程质量的主要因素。然而，团队成员之间的凝聚力和一致性有时候可能无法带来明智的决策。

1971 年，欧文·詹尼斯（Irving Janis）发现了一个简单的问题：为什么一群努力又团结的聪明人，有时会作出灾难性的决定？他是在阅读 20 世纪的一些军事和政治上的大型惨败事件时，提出的这个问题。他对这些事件的决策过程进行分析，发现了群体思维（groupthink）。他将群体思维定义为：当人们深入到一个有凝聚力的群体中，为维持群体表面的一致性和凝聚力而否定其他选择，坚定不移地支持群体决定的思维方式（Janis，1982，p.9）。詹尼斯界定了影响群体思维的前因（antecedents）和可观察的结果（observable consequences）。前因包括：对团队凝聚力的渴望、组织结构上的缺陷（如没有建立团队的章程）以及情境因素（如来自外部的威胁）。这些因素如何在一个大学生团队中得到体现呢？有一组大学生想要在项目中取得好成绩，不管这个群体的成员是否相识，他们都有一个共同的目标——尽可能成功。这是对团队凝聚力的渴望。但是，大学生往往缺乏进行高效团队工作所需的知识技能，如不熟悉如何制定议程、如何实施同伴评估等，这导致了他们组织结构的缺陷。他们还要被时间追着跑，如果项目进展不顺利，还会影响到他们的学分，这是情境因素——被外部威胁。这些就是导致大学生团队中出现群体思维的因素。詹尼斯将群体思维的症状与群体决策过程中的相关缺陷进行了区分，他提出了八种群体思维症状，并将其分为三类。第一类是对群体能力的高估，如认为群体的决定都是正确的；第二类是闭关自守，如不接受任何与群体思维相反的事物；第三类是对团队一致性的追求，如自我审视。詹尼斯还总结了这些症状在不良决策中的7种表现形式，如未能充分评估任务的目标，没有制定应急计划，对未发表的研究表现出偏见等。回到大学生团队这个话题，团队的目标是拿到好成绩，但他们是否正确分解任务了呢？他们可能考虑到了要分配任务，但他们是否考虑过可能出现的突发情况，并为此类意外事件制订"B计划"呢？他们可能讨论了项目进展，但其他人是否有权指点评价呢？在一项关于大学生对团队合作的满意度调查中发现，答案并不是肯定的。

在心理学领域，群体思维理论吸引着很多研究人员，关于它的研究也非常普遍，但这并不代表没有质疑者。本章没有涵盖群体思维理论研究的全部内容，如果你感兴趣，可以参考罗斯（Rose，2011）的文章。我在本章提出群体思维理论的目的在于，指出进行团队合作时具有一致性并不一定总有好处，有不同意见才是一个明智的群体决策的特征。那些对群体思维提出质疑的人也应该冷静客观地思考一下。群体思维理论确实为团队提供了很多实用的建议，这些建议可以被应用到团队合作的过程中，防止团队退化为一个"没有不同声音"的集体。

核心建议07：
在作群体决策时，请礼貌提出不同意见

詹尼斯提出了降低群体思维带来的不良影响的措施——控制影响群体思维的前因，尤其要避免将对团体凝聚力置于建设性批评之上。他提出的很多建议都是创造良好团队环境的实用方法，如鼓励团队成员"唱反调"。不过我承认，支撑这些建议的证据有些薄弱，但我依然相信它们的有效性。其原因有二。首先，虽然有关群体思维研究的文献不多，但是它与研究相对成熟的领域（如从众性）之间存在相似处。这些领域的研究已经证明了个体会为了适应他人而改变或放弃自己的想法。因此，我们有理由认为群体思维会带来消极影响，并提出一些应对措施。其次，詹尼斯建议对团队工作程序进行改善，这不仅有助于降低群体思维带来的风险，还能在其他方面作出贡献。下面我们来具体看一看詹尼斯的建议。

詹尼斯认为，一个团队应该选出一个领导者，领导者的主要职责应该是创造良好的团队氛围，如促进讨论、鼓励每个成员发挥作用、为成员赋能、监督团队议程等，而非单纯地陈述自己的个人偏好和观点。然而，这个角色自带的权威会让人觉得此人应享有特权，如果领导者恰好是喜欢交际的人，这个问题就更大了。詹尼斯建议将领导者的角色定义为鼓励者、激励者，这能有效避免团队被一个过于热心的领导控制，即使他的出发点都是好的。

詹尼斯还主张，在每次会议中，至少指派一名小组成员担任"唱反调"的角色。他们的任务就是提出批评，并确保团队中有不同的观点存在。分工要明确到个人，不然每个人都认为其他人会做这件事，所以一定要指派一名团队成员承担起唱反调的责任。被指派的那个人也不会担心其他成员认为他没有做什么贡献，因为是他们给他安排的这项任务。

一旦指派了"唱反调"的人,就能让团队其他成员开始提出批评而又不用担心自己会成为惹人烦的那个。然而,群体成员的身份仍然会阻碍他们发挥"唱反调"的作用。因此,詹尼斯还建议,所有团队成员私下要与其他可靠的团体之外的人讨论会议中提出的重要问题,并在此后的会议上将信息反馈给其他成员。群体之外的人不会收到群体凝聚力的影响,因此,他们可以提供一个客观、公正的视角。

然而,一个客观、公正的视角并不一定是一个有见地的视角。因此,詹尼斯认为,一个团队也应该邀请具有相关专业知识的外部人士来审核团队的决定。项目小组往往不是由专家组成的,得出的结论也许表面合理,但实际上并不可靠。邀请一位专家参加会议并提出质疑,可以避免无知带来的错误决策。当然,对学生而言,你的导师是这个角色的理想人选,只要你事先预约,大部分导师都会很乐意参加小组会议。如果他们对已有成果持批评态度,那这对于团队来说会是一个很好的警钟。

7.4 人际冲突不可避免

核心建议 08:
不要单从行为判断为人,要考虑情境性因素

虽然在群体决策过程中充满和谐的氛围未必是一件好事,但它在建立群体成员间良好的人际关系上肯定会有帮助。具有建设性且基于相互尊重基础上的意见分歧是一回事,敌意和人际冲突(interpersonal conflict)是另一回事,而且后者显然对实现团队目标没有帮助。导致群体冲突的原因有很多,本书会在群体维度进行讨论并且给出一些解决措施。请你先思考一个问题,任何时候,事前预防冲突肯定比事后解决冲突好吗?我会通过介绍一些经典的心

理学研究来揭晓答案，这些研究会告诉我们，每个人都会在不知不觉间成为冲突的推动者，这源于我们如何看待问题行为的成因。一旦了解了这些，你就能够尽可能避免把团队中的人际问题升级为全面冲突。

现在，想象一下这个场景。你下班开车回家，路上车辆拥挤，你要在前面的十字路口直行，但此刻你和前面十几辆车一起被红灯拦住了。你的右边是右转车道，此时空空如也。你一直耐心地等着绿灯，直到你注意到一辆车停在了你的右边。起初你以为它要右转，但当绿灯亮了之后，右边的那辆车突然左转，成功地插进了你所在的队伍。你会如何应对这种情况？你会想什么？你认为这个司机发生违规行为的原因是什么？你会认为司机这么做只是因为缺乏耐心、自私、不体谅别人吗？你会生气地按汽车喇叭，对着车窗大喊几句脏话吗？如果事实并非如此，你会怎样做呢？你为什么会认为那个司机缺乏耐心、自私、不体谅别人呢？你得出这个结论的证据在哪里？也许他着急赶着去医院呢？如果你知道这个情况，你还会把他的行为归咎于自私，并且生气吗？还是说你会理解他的行为呢？现在，把插队的那个司机换成你的团队伙伴——参会迟到或者没有为会议做好准备，你同样需要先对其行为进行正确归因，再作出相应的反应。

在前文提到的等红绿灯的场景中，如果你匆忙得出结论，认为司机的行为反映了他的为人，而忽视了行为的情境原因，那么你不过是和大多数人一样罢了。20世纪70年代末的一项研究发现，人们会快速地将一个人的行为归因于性格而不是情境，甚至在有证据明确表明某人的行为是因为情境的情况下也是如此（Ross, Amabile & Steinmetz, 1977）。在罗斯等人的研究中，参与者两人一组参加一个智力竞赛节目，并且通过抽签的方式确定组内提问者和答题者的角色。提问者需要根据个人兴趣或专业知识提出10个问题，这显然对提问者有利。答题者被告知提问者正在为他们设计一些具有挑战性的问题，他们的任务是在智力竞赛节目中尽可能多地回答出问题。在答题的过程中，每位答题者每题有30秒的时间进行作答，提问者全程只需要提问、肯定正确答案，或者在一个错误回答后提供正确答案即可。测试结束后，所有参与者都需要填写一份评估他们常识的问卷。请记住，提问者和答题者都知道自己的角色是随机分配的（不是基于成绩），提问者从一开始就具有优势，因为他们设计了问题。因此，提问者和答题者所表现出的知识差异是由于情境不同，并不能反映彼此常识水平的差异。所以正常来说，尽管角色不同，但是参与者不会认为彼此之间的常识水平有太大的不同。然而实验结果显示，提问者认为他们的常识水平略高于答题者，答题者认为自己的常识水平远远低于提问者。参与者在评估搭档的常识水平时，没有考虑到这个明显不对等的情境特征，这种现象被称为基本归因错误（fundamental attribution error）。

罗斯等人想要确定的是，是否只有在这些情境中的人才会倾向于优先将行为归因于情境，还是实验的观察者也会如此。因此，他们重复了这个实验，但在每组中增加了两名观察者。结果表明，尽管他们也知道实验中的角色是随机分配的，提问者可以根据自己的兴趣和专业知识选择问题，但是观察者对提问者的常识评价明显好于答题者。他们也表现出基本归因错误。

核心建议 09：
改变视角可以帮助你更好地归因不良行为

你该如何避免基本归因错误呢？研究表明，改变你的视角可以降低基本归因错误的发生概率。胡珀等人（Hooper, Erdogan, Keen, Lawton & McHugh, 2015）进行了一项研究，在实验中，参与者被分成两个组——视角训练组和对照组。两组参与者都需要观看一个视频。视频中，一个人正在阅读一篇主题为"赞成或反对死刑"的文章。研究人员明确告诉参与者，作者是按照研究人员的要求以绝对中立的立场写的文章，文章不代表作者个人的态度，视频中的那个读者对这个话题也持中立态度。但是在看视频前，视角训练组的组员需要在研究人员构建的抽象场景中，从不同的视角回答30个问题。例如：我有一块红砖，你有一块绿砖，如果我是你，你是我，我们会有什么颜色的砖？对照组的人不需要做任何事。视频结束后，参与者要填写一份问卷。问卷要求他们预估视频中这个读者赞成或反对死刑的程度，并用数字1~15给出他们的答案（1表示极端反对，15表示极端支持）。偏离量表中点的大小代表基本归因错误的程度，偏差越大说明基本归因错误的程度越大。根据前面交代的实验条件，参与者给出的预估值应该处于中位，但实验结果表明，对照组成员估计的数值比视角训练组成员估计的数值偏离量表的中点更多，说明之前的视角训练显著降低了基本归因错误的发生。

我意识到，人们经过一些培训后能够更容易地采纳不同的观点，这是一件好事。不过，当你被别人的行为激怒时，你肯定不会先进行一系列的视角训练来避免基本归因错误的发生。好在有一个更简单的方法可以改变你的观点，它源于近年来新兴的一个概念——自我疏离（self-distancing）。自我疏离是指个体采用一种更加去自我中心化的视角来促进理性思考和反思。研究表明，当你从采用第一人称转换到采用第三人称来描述一个事件时可以达到这个效果。这类似于聚光灯效应的视角转换方法。然而，"自我疏离法"将焦点更多地放在你用来描述一种情况的语言，而不仅仅是你想象这种情况时所采取的视角。布莱纳（Bremner，2013）采用胡珀等人的实验过程，来研究自我疏离在基本归因错误上的应用。在他的实验中，参与者需要阅读一篇文章，其主题是支持美国第44任总统巴拉克·奥巴马（Barack Obama）。研究人员提前告诉参与者，文章是作者根据研究人员指定的立场写的，不是作者自己的选择。之后，参与者被分成四组，写下自己对这篇文章的作者的看法，特别是他们认为这篇文章的作者对奥巴马的支持程度。第一组是自我疏离组，参与者只能用第三人称指代自己,即代词"他""她""他们"或他们自己的名字。第二组是第一人称视角组,参与者必须使用第一人称视角"我"指代自己。第三组成员没有得到任何关于人称使用的指示,只需要写下他们认为的作者对奥巴马的真实看法即可。第四组是对照组,参与者不写任何东西。最后,参与者需要用数字评分量表,从 –4(反对奥巴马)到 4(支持奥巴马)来评价他们认为文章作者支持奥巴马的程度。请记住,参与者知道文章的立场,在这种情况下,基本归因错误的表现应该认为作者是支持奥巴马的,也就是说参与者给出的评分越高,基本归因错误程度越大。实验结果表明,与其他组相比,自我疏离组的成员受到基本归因错误的影响最低。这说明,通过自我疏离来看待一件事,能使人更加意识到情境性因素的作用,从而降低了人们犯基本归因错误的程度。

自我疏离法的精妙之处在于它的简洁易操作性。当你思考一件正在发生的事或反思一件已经发生的事时,可以把它融入无声的自我对话(self-talk,或自言自语)中(Kross & Ayduk,2014)。但是,我有两个警告。首先,你要用第三人称,以便与自己保持距离;其次,你要安静地做这件事,以免别人觉得你很奇怪。在实践中,自言自语是一种帮助处理团队中各种冲突的有效方法,如在试图对一个跋扈的成员的行为进行归因时,请问自己"为什么(在这里插入你的名字)认为他专横跋扈?"而不是"为什么我认为他专横跋扈?"。无论你对他的行为进行个人归因还是情境归因,这个小小的改变都是至关重要的。情境归因(如他们可能只是在会议前度过了糟糕的一天)能够有效降低对方行为导致冲突的可能性。如果这一切看起来过于简单,那么有一个很好的理由:事实上,就是这么简单!最近一项监测自言自语条件下大脑激活模式的研究发现,自言自语对大脑消耗不多(Moser et al.,2017),这是一种低投资、高回报的干预手段。更重要的是,它能够帮助你在归因潜在冲突因素时轻松转变自己的视角,帮助你解决一部分问题而不是成为问题的一部分。

7.5 协调团队就像"盲人领导盲人"

核心建议 10：
一个正式的会议议程有利于减少团队合作中的潜在问题

我们刚刚讨论了人们在不考虑情境的情况下，容易将他人的行为归因为个人因素。现在，我们要重点思考情境因素对提高团队合作有效性的影响。学生经常抱怨会议安排、制订团队目标、协调任务和时间管理有问题（Tucker & Abbasi，2016）。这些问题在多大程度上是由个人导致的，又在多大程度上是团队协作过程导致的呢？例如，如果小组讨论只是在原地打转，是不是因为缺少一个作出决定并推动进展的领导者？一个高效会议的情境决定因素是什么？令人惊讶的是，这方面的心理学研究并没有你以为的那么广泛，不过依然有一些研究人员试图探索人们所认为的有效会议有什么特征。有一项研究很具有代表性（Leach，Rogelberg，Warr & Burnfield，2009）。研究人员对世界不同地区的私企员工和公共组织的员工进行了问卷调查，旨在了解参与者认为定期参加会议在实现个人、同伴和组织目标上的有效性。该问卷试图确定会议中特定的情景特征出现的频率，这些特征包括：使用会议议程、提供会议室设施、准时开始和结束会议以及团队成员的广泛参与等。问卷数据表明，参与者认为使用会议议程（事先分发的）在提高会议有效性方面特别重要。会议议程是一个正式的会议通知，包括会议的时间、地点、内容，以及参与者的名单及其职位。为团队会议制定议程的重要性是文献中反复出现的主题。因此，我将在这里重点讨论书面会议议程的使用，因为它在实践中确实有效，而且为其他团队合作问题提供了一种正式的解决方案。将此类解决方案列入会议议程，能增加它们被实施的可能性。

在本章开头，我们谈到同伴评价能够帮助解决社会惰化的问题，但同时，同伴评价体系也需要有人牵头，并且得到大部分成员的同意才能实施。这时，书面的会议议程便可发挥作用。例如，团队可以通过书面的会议议程来确定评定贡献的标准、目标的划分以及基本规则。

书面会议议程还能够帮助解决聚光灯效应带来的团队内部沟通的问题。解决聚光灯效应的方案可以通过适应或采纳他人的观点来减少个体认为自己引人注目的程度，书面会议议程可以通过两种主要方式来实现这一目标。第一，事先下发会议议程，让组员提前了解会议主题，并且在心里准备好适合自己的发言内容，这样在其他团队成员面前说话时，就不会觉得自己那么显眼了。第二，如果组员认为自己的提议需要被执行，可以将其作为后续会议的讨论项目，而讨论的过程可以增加这个提议曝光的机会。不管最终这个提议是否被采纳，只要团队开始讨论它，就意味着它被人听到且必须被记录在书面议程里，成为后续会议的待办事项。

有时，个人会因为害怕破坏团队和谐而不表示不同的态度，这是书面会议议程能够帮助解决的第三个问题。团队可以在书面流程中加上提批判性建议的流程，在会议中腾出一段时间专门让团队成员进行反思，相互批评，这样可以帮助团队成员形成自己的观点。为确保会议议程得到重视，团队要有一名会议主席，职责是促进讨论，但在立场上保持中立（Janis，1982）。另外，团队还可以安排一名成员专门唱反调，并且将这一点也纳入会议议程中。

书面会议议程还可以解决人际冲突的问题。例如，我们可以通过对团队成员问题行为进行正确归因，来确定其问题行为的性质。首先，用第三人称书写会议议程，加强读者的自我疏离感，这有助于成员对问题进行归因时考虑到情境因素。此外，当一个问题行为出现时，团队可以通过会议议程对该行为先进行情境因素归因，帮助团队确定该行为的性质。例如，当有人没有完成自己的任务时，可以拿出上一次会议的文件，并将其作为团队和当事人沟通的依据。关于会议行为的其他标准（例如，团队成员不能在其他成员发言时打断他们）也可以在早期会议议程中正式确立。

本章小结
在团队中消除"自我"

让我们总结一下有效团队合作的核心建议。

防止社会惰化现象

- 使个体的贡献可识别。当人们知道自己不能躲在集体背后不努力时，他们就不会游手好闲了。
- 使个体对自己的贡献负责。使用同伴评价系统，但前提是整个团队都参与到评价标准和使用方法的讨论中去。
- 使团队规模缩小（如果团队可以自行决定的话）。社会惰化现象会随着群体规模的增加而增加。另外，大型团队会使团队协调过程复杂化。

通过减少聚光灯效应来改善交流

- 试着在脑海中演练你在团队会议上发言。让自己习惯性地表达观点能使你在表达时不会觉得自己很显眼，能减少聚光灯效应在你身上的作用。
- 试着采用第三人称的视角想象你在团队中的位置（就像你是团队中的另一个成员一样），而不是从你自己的角度想象。这有助于让你更准确地感受到自己的醒目程度，并有助于避免人际冲突。
- 从他人是否考虑你提的问题或建议可以看出，他人是否看到了你对团队的贡献。

更好的群体决策：避免群体思维
- 推选出一名领导者主持会议、促进讨论。领导者的任务是鼓励不同的观点、对立的观点和批判性思维，同时不要提出自己的立场。
- 至少指派一名小组成员在每次会议上扮演"唱反调"的角色。他们的唯一任务就是问一些引人反思问题，如"如果我们错了怎么办""还有什么别的选择""如果事情没有按计划进行，我们将如何应对"。
- 邀请团体之外的人员加入讨论，尤其是与主题领域相关的外部专家。

避免人际冲突：否定基本归因错误
- 在对问题行为进行归因时，试着采用第三人称视角叙述你的想法。这有助于避免把问题归结为个人原因，这种归因可能是错误的，并会将问题升级为冲突。
- 确保团队合作流程能够促进情境归因。出现问题时，如果团队先去检查与流程相关的问题，会很有帮助。将团队会议记录下来有助于避免甩锅。再次建议，以第三人称的视角记录会议。
- 建立一个会议基本原则，即在会议期间集中讨论如何解决问题，而不是相互指责。

建立有效的团队合作流程

- 团队建立初期就在会议上建立起一个有效的团队合作流程。第一步是确保沟通渠道畅通，小组成员之间有彼此的联系方式；在无法面对面交流时，可以使用远程讨论工具。
- 使用书面会议议程来组织会议，并在每次会议前及时分发给成员。会议上产生的任何需要解决的问题都应被列入今后的议程中进行重新审议。
- 尽早为团队制定基本规则，并将其记录在适用的会议议程上以供批准。
- 确保在团队初始会议的议程中就讨论同伴评价方法。团队应该在讨论中得出明确的标准，以及评估对团队的贡献及任何预期标准。

本章的主题与第 1 章均涉及了错误假设这个问题。我们假设自己在团队工作中乐于合作，并能 100% 完成手头的任务；我们假设自己对团队的贡献总是能够被看到；我们假设团队的和谐与凝聚力总能产生有效的团队决策；我们假设任务没有做好会给自己的个人形象造成不良影响；最后，我们假设团队合作的过程是有机的，不需要形成一致同意文档。这些假设的结果是：我们经常对团队合作感到沮丧和不满，并且对问题产生的原因一无所知。我坦率地承认，在我读本科的时候，每当读到一些团队合作的改进方法时，我总是嗤之以鼻。我认为它们都太简单，对复杂的团队合作没有用处。我曾在团队中大声抱怨，仿佛所有问题都与我无关，从来没有尝试过用本章提倡的这些方法来解决这些问题。在团队中有许多个"我"，然而团队协作需要努力消除这些"自我"！

第 8 章

诚信
学问的内在价值

是谁的成果，就归功于谁

如果你坚持诚信，其他一切都不重要。

如果你没有诚信，其他一切都不重要。

——阿兰·辛普森（Alan Simpson）

核心建议 01：
做学术，学术诚信是第一，它是你成功的基础，
也是学术界成功的基础

在这一章正式开始前，我们不妨来聊一些琐事。谁发明了电话？如果你的答案是亚历山大·格雷厄姆·贝尔（Alexander Graham Bell），那就准备好大吃一惊吧，因为这不是正确答案。贝尔确实拥有电话专利，然而在 2002 年，美国国会通过了一项决议，承认意大利人安东尼奥·梅乌奇（Antonio Meucci）于 1871 年发明了电话。在那 5 年后，贝尔才申请了电话专利。为什么梅乌奇没有申请电话专利呢？翻阅材料后才知道，梅乌奇当时无力支付专利申请费用，因此只是提交了一份申请专利意向函（一个声明），他必须定期交费才能保证该文件持续有效。但不幸的是，生活对可怜的梅乌奇并不仁慈。1874 年，他把一生的大部分积蓄都花在了发明电话和照顾患有严重关节炎的妻子上，拿不出钱延续这个声明的有效期。更糟糕的是，梅乌奇把他的电话模型储存在西联汇款附属（Western Union Affiliate）公司的实验室里，当他要求归还时，却被告知模型丢失了。1876 年，贝尔在西联汇款（Western Union）公司的实验室中进行研究，他获得了电话专利。虽然最高法院在 1887 年撤销了这项专利，但令人遗憾的是，梅乌奇于 1889 年去世了，随后审判被宣布无效，这意味着贝尔保留了电话的专利。梅乌奇的电话模型是被贝尔窃取了还是被他人偷走的，这一疑惑至今悬而未决，仍存争议。不过，从美国国会的决议中可以看出，如果梅乌奇能够支付费用，在 1874 年延长他的声明期限，贝尔就不会被授予专利，而这项发明专利至今仍被广泛认为是迄今为止最赚钱的专利。正如国会决议所说："伟大的意大利发明家，他的事业既非凡又悲惨"（H.Res. 269，2002，p. 1）。

上述例子旨在说明，当一个人的工作成果没有得到应有的回报时，那是多么不公平啊！当然，大学需要通过赚钱来维持运转，但学术界真正的货币是文字和思想。正如帕克（Park，2004）所说，学术诚信（academic integrity）是一所大学声誉的重要基石，也是一所大学所授予的学位的内在价值。你应该十分严肃地对待文字和思想的归属问题（即学术诚信），你所在读的学校也一定会如此。因此，在我们继续讨论学术产出之前，要先让你认识到学术诚信的重要性。本章的目的是阐明学术诚信的意义，介绍原意引用、原句引用和文献参考这些学术工具。我会解释这些工具的使用原则，并提供一些建议，帮助你选择有利于形成学术诚信的良好学习习惯。本章不会提供不同参考文献格式（如哈佛式、牛津式、芝加哥式）的详细指南，因为你的学位专业会决定文章的格式，如果给每一种格式提供一个指南，这本书就会有1 000页那么厚，没必要这样做。本章的目的是传达关于学术诚信和参考文献的基本建议，这些建议适用于所有的参考文献类型。出于个人原因，本书使用的是美国心理协会（APA）的格式。

因为文字和思想是学术界的知识流通货币，是个人财产，所以在学术界不应该窃取他人的知识财产。窃取研究成果的行为被称为剽窃（plagiarism）。当一个人学术写作时未说明哪些文字和想法来自他人，剽窃就发生了。帕克（Park，2003）总结了4种主要的剽窃现象：

（1）某人把从他处获得的材料当作自己的作品来呈现。

（2）某人把另一人的成果当作自己的成果来呈现。

（3）某人从他处复制了信息，只写明了参考来源，但没有用引号标注被引用的内容，这样会给人一种错觉——他在对原作者的想法进行转述；而实际上，他只是在逐字逐句地重复原作者的话。

（4）某人对他处信息进行转述和改述，但没有提及这些观点属于他人。

核心建议 02：
违背学术诚信往往是无知的产物，但无知不能为剽窃行为进行辩护

就心存预谋来说，上述 4 种情形中的第 1 种可以与其他 3 种区别开来。因为如果你从别人那里买或偷了一篇文章，很难反驳说你没有不正当的意图。但是，如果你的学术不诚信属于其他 3 种情况，那么可以解释为你的引用方式或文献参考方式不正确，并非有意为之。让我们用一个小测试来说明这一点，测试基于默里、汉斯利和拉德洛（Murray, Henslee & Ludlow, 2015）的一些研究。我会给你一段原文，以及基于原文提出的 3 个假设情景，你需要做的很简单——对这 3 个假设情景是否涉嫌剽窃进行判断。如果你无法判断，说明你无法分辨学术剽窃行为。

原文

> 亚历山大·格雷厄姆·贝尔确实拥有电话专利，这是事实。然而，2002 年美国国会通过了一项决议，承认安东尼奥·穆奇在 1871 年就发明了电话，大约 5 年后贝尔才提出专利申请。据了解，当时安东尼奥是个穷人，无力提交完整的专利申请。因此，他必须提交一份申请专利的意向函（一个声明），并且定期延长该声明以保持其有效。

情景(1)：以下摘录是否构成剽窃？

> 正如佩恩（Penn, 2018）所说，亚历山大·格雷厄姆·贝尔确实拥有电话专利，这是事实。然而，2002 年美国国会通过了一项决议，承认安东尼奥·穆奇在 1871 年就发明了电话，大约 5

年后贝尔才提出了专利申请。（p. 113）。

 a. 不构成剽窃，只要标注了参考来源就不是剽窃。情景（1）中，原作者的作品以引用的方式出现，具体页数已给出。
 b. 构成剽窃，因为没有用引号标出作者的原话。
 c. 我不确定。

情景(2): 以下摘录是否构成剽窃？

  亚历山大·格雷厄姆·贝尔确实拥有电话的专利，这一点众人皆知。然而，安东尼奥·穆奇才是真正发明电话的人，当时的穆奇生活贫困，无力支付专利申请费用，所以他不得不提交一份申请专利的意向函（一个声明），并定期延长该声明以保持有效。

 a. 不构成剽窃。因为已对原文进行改述，所以作者不需要使用引号。
 b. 构成剽窃。因为只有几个词被修改了。
 c. 我不确定。

情景(3): 以下摘录是否构成剽窃？

  正如佩恩（Penn, 2018）所说："亚历山大·格雷厄姆·贝尔确实拥有电话专利，这是事实。然而，2002年美国国会通过了一项决议，承认安东尼奥·穆奇在1871年就发明了电话，大约5年后贝尔才提出了专利申请。"（p. 113）

 a. 不构成剽窃。因为已用引号标出原文，表明此处为引用部分，并且给出了引文的参考页。

b. 构成剽窃，因为即使引用形式在技术上是正确的，也不能与原文一模一样。

c. 我不确定。

你觉得自己在这个小测验中表现如何？在默里等人的这个实验中，他们要求一年级的本科生对自己的道德水平进行评分，并说明之前是否接受过学术诚信方面的培训或教育。然后，他们让学生进行与上文类似的测验（文本不同）。调查发现，大多数学生认为自己具有道德素养，只有5%的学生给自己的评分低于问卷道德水平的中位数。此外，93%的人报告说，他们之前受到过有关学术诚信的培训或教育。然而，测验结果显示，40%的学生未能将第一种情形认定为剽窃，62%的学生未能将第二种情形认定为剽窃，13%的学生未能将第三种情形认定为正当行为。类似地，纽顿（Newton，2016）发现，大学生认为自己对学术诚信的了解程度与他们的学术诚信测试结果大为不符。从上述研究中可以看出，即使你曾接受过学术道德教育，并且认为自己具有学术道德，但是依旧可能缺乏学术道德方面的知识。尽管你并非有意，但是这种无知依旧会使你违背学术诚信，而且这并不意味着你不用为此负责。这一章将教会你如何避免这些越轨行为，让我们从介绍学术诚信的基本工具——原意引用（citation）、原句引用（quotation）和文献参考（referencing）开始。

8.1 基础：正确引用

知道保护学者知识产权的重要性只是成功的一半，你还需要知道如何有效地实现这一点。学术界存在着若干种原意引用、原句引用和文献参考的形式。这些风格虽在细节上有所不同，但原则相同，且都很简单。下面先看看原意引用，我将用 APA 式进行举例。

原意引用

原意引用是指用自己的话来描述别人的学术成果，符合原意，但不引用原文。他人读到之后能够知道原作者做过什么事。例如：

> 佩恩（Penn，2018）提出了提高大学生使用引用能力的理论。根据这一理论，一个学生要想接受有关学术诚信的学习，必须先要……

在这段话中，作者用自己的话解释了佩恩的理论，因为文本没有被括在引号中，也没有表明引用页码，所以这段引用是原意引用。

原文引用

原文引用就是将原作者的话照搬过来，并且用引号标注，他人读到后能够知道原作者说过或写过的话。例如：

> 佩恩认为："健全的元认知是学术诚信发展的基础。与其他方面一样，如果学生认为自己会了，那他们将不愿将时间花在学习如何正确地进行原意引用和原文引用上。"（Penn，2018，p. 103）

在这段话中，作者提到了另一个学者佩恩的成果，而且引号的使用告诉我们作者直接把佩恩的原话照搬了过来，没有进行任何修改。虽然引号是一个很小的细节，但发挥着巨大的作用，因为使用引号是为了清楚地区分此处是原意引用，还是原文引用。另外，使用原文引用要标明页码，这是因为当你直接使用别人的话时，需要让读者很轻松地找到引文的出处，以便读者检查它的准确性，并阅读出处的上下文。

文献参考

仅仅使用原文引用定位原始材料是不够的，你需要展示更具体的细节，如该材料的出处是哪里。这时参考文献就能派上用场了。从参考文献中，读者可以得到论文中每一处引用的出处的细节，这样他们就可以很容易地找到这些被引用内容的原文。参考文献的具体细节取决于引用原文的相关出版物类型。其中，一些细节对所有类型出版物都一致，如出版日期和作者姓名；其他细节则根据出版物类型而定，如期刊文章的卷数和部分编号。请参考下面这个例子。

>Glenberg, A. M., Wilkinson, A. C. & Epstein, W.（1982）. The illusion of knowing: Failure in the self-assessment of comprehension. *Memory & Cognition*, 10（6）, 597-602.

当然，你不可能在写论文时还关注这些细节，因此，参考文献与正文应该分开呈现，如在脚注处或整篇论文结束处。总之，参考文献有自己的专用区域，你在文章中引用的任何内容都需要有相应的文献参考条目。

引用文献和引用二次文献

到目前为止，你已经知道了在引用最直接、最原始的学术成果时应该怎么做。这些学术成果被称为一次文献（或第一手资料），基本上真实可靠。然而，你肯定还会读到一些由某人执笔，目的是介绍另外一个人的学术成果的文章，这样的文章就是二次文献（或第二手资料）。使用二次文献会影响该资料在你的文章中的引用格式和参考文献格式。对一次文献和二次文献的引用格式和参考文献格式进行区分很有必要，如果你在对一份二次文献进行引用或写文献参考目录时，采用与一次文献相同的形式，会让你的读者认为你所引用的这个学术成果属于这位二次文献作者，或者以为自己读到的二次文献就是原文献。这时，你需要分别陈列一次文献和二次文献的参考出处，然后对参考文献进行简单处理来突出它们的区别。让我们通过一个例子看看如何用 APA 格式标明引用和文献参考吧。现在，假设你从琼斯（Jones，2007）的课程入门读物中读到史密斯（Smith，2001）的一个实验，你的引用部分应该写出一次文献，如：

在史密斯（Smith）2001 年的研究中（Jones，2007）。

你的参考文献部分只需列出你读到的这篇二次文献，如：

Jones，A. A.（2007）. *An introduction to psychology*. London: Routledge.

不过我劝大家尽可能去读原始文献，这样可以帮助你对原始文献产生一个更直接、更全面的了解，而且还能降低引用二次文献时可能会出现的错误。与日常对话一样，经手的人越多，信息就越容易被扭曲。

这就是进行原意引用、原文引用和文献参考的基本原则。为了进一步加深对这些原则的了解，你需要谨慎实践，需要注意如何恰当转述。因为如果想要正确地引用和文献参考，需要知道在使用他人文章时什么样的转述可被接受。

8.2 进阶：辨别剽窃

核心建议 03：
转述练习对提高学术诚信和提升文笔非常重要

正如帕克（Park，2003）所说，大学生出现剽窃行为往往不是因为他们不明确剽窃的定义，更多是因为其不明确如何正确应用，这种不明确主要是因为无法正确区分"转述"和"剽窃"。罗格（Roig，1997）在这方面进行了一些开创性的研究。在研究中，他先是给学生一篇学术原文，然后又给他们10篇重写版本，其中8篇包含了某种形式的剽窃，有明目张胆的（如照搬原文却没有标注引用），也有暗度陈仓的（如文本转述不充分）；另外两篇文章都进行了充分转述，并且引文格式正确。学生的任务是阅读这些文章，并正确地将每一篇文章归类为剽窃类或恰当转述类。结果表明，多达一半的学生将存在剽窃现象的文本归为恰当转述类。他们认为，只要标注引用，不加引号或对原文做微小的修改是可以接受的。在罗格的研究中，使用这种方式能够很好地判断学生区分转述和剽窃的能力。在随后的研究中，研究人员还利用这些例子作为干预手段（interventions），成功让学生理解了什么是正确的转述（Moniz, Fine & Bliss, 2008；Landau, Druen & Arcuri, 2002）。我们一起实践一下罗格的这个研究过程。下面是一篇原创文章及几篇翻写版本，你的任务是区分每个版本是否是恰当的转述。

原始版本

每个人对亲密关系中互惠的期望值不同，交换取向的调节作用（Murstein, Cerreto & Mac Donald, 1977）在以利益为主的爱情模型中可能很重要。以交换为导向的个体期望在一段关系中的任何贡献都能立刻、直接得到回馈。这个观点得到了布克和范伊佩伦（Buunk & Van Yperen, 1991）的支持。他们发现，对于交换取向强的个体来说，才会出现关系公平感与婚姻满意度相关的情况。简而言之，这项研究表明，在人际关系中，并不是所有人都重视公平。

版本一

佩恩（Penn, 2018）等人指出，研究表明，人们对一段感情中相互关系的期待程度不同，交换取向的调节作用（Murstein, Cerreto & Mac Donald, 1977）在基于平等的爱情模型中可能是显著的。以交换为导向的人希望在一段关系中的所有贡献都能立即得到直接回报。这一观点得到了布克和范伊佩伦（Buunk & Van Yperen, 1991）的认同。他们发现，关系公平感与婚姻满意度相关的情况只会在交换取向强的人身上存在。这项研究告诉我们，在人际关系中，并不是所有人都看重公平。

你认为这个版本是一个恰当的转述吗？作者标记出了对原始文本的引用，但是他没有使用任何引号，这说明他向外界透露这些文字是他自己的语言，而非原文。不过，他的文字是否与原材料的内容有足够的不同，以构成合理转述呢？实际上，版本一在以同样的逻辑讲述同一件事，只是在措辞上做了非常肤浅的改变，作者对一些词进行了同义词替换，这些修改不足以使作者声称该文本是他自己的成果。因此，版本一的作者很容易受到剽窃的指控。

版本二

佩恩（Penn, 2018）等社会心理学家经过研究发现，每个人对亲密关系中的互惠期望值不同。交换取向的调节作用（Murstein, Cerreto & Mac Donald, 1977）在以利益为主的爱情模型中可能很重要。这就是说，以交换为导向的个体期望在一段关系中的任何贡献都能立刻、直接得到回馈；如果他们给伴侣一些东西，他们会希望得到相应的回报。这个观点得到了布克和范伊佩伦（Buunk & Van Yperen，1991）的支持。他们发现，只有对于交换取向强的个体来说，才会出现关系公平感与婚姻满意度相关的情况。简而言之，这项研究表明，在人际关系中，并不是所有人都重视公平。这也解释了为什么有些亲密关系在某种程度上虽然不公平，但并没有引发问题。

你觉得第二版怎么样？这是一个恰当的转述吗？毫无疑问，这里有些内容是原作中没有的，然而问题是，该版本直接使用了大量的原文信息，却没有进行正确的引用。尽管版本二与原文信息并不是一模一样，但因为它直接使用了原文信息但却没有标注引用，导致它不是一个恰当的转述。如果你还不能很好地区分恰当和不恰当的转述，这里有一个很有效的方法。

第一步：将你的文章和原文中任何重复的单词都标记出来，某些电脑软件可以帮你完成这项工作。我把版本二的文字复制到下方，并且用黑体字标记了与原文重复的地方。

佩恩（Penn，2018）等社会心理学家经过研究发现，每个人对亲密关系中的互惠期望值不同。交换取向的调节作用（Murstein, Cerreto & Mac Donald，1977）在以利益为主的爱情模型中可能很重要。这就是说，以交换为导向的个体期望在一段关系中的任何贡献都能得都能立刻、直接得到回馈；如果他们给伴侣一些东西，他们会希望得到相应的回报。这个观点得到了布克和范伊佩伦（Buunk & Van Yperen，1991）的支持。他们发现，只有对于交换取向强的个体来说，才会出现关系公平感与婚姻满意度相关的情况。简而言之，这项研究表明，在人际关系中，并不是所有人都重视公平。这也解释了为什么有些亲密关系在某种程度上虽然不公平，但并没有引发问题。

第二步：大声读出没有标注粗体的部分。

第三步：问问自己，剩下的部分是否能够让人读懂？如果答案为否，那说明在没有原始文本内容的情况下，这段文字丝毫没有逻辑，那么就说明这个转述做得不够好，很容易被认为是剽窃。这里需要重点指出的是，作品的重复部分来自一个还是多个原始文献并不重要。如果你的文章无法独立于这些原始文献，那么你就处于剽窃的危险地带了。

下面让我们看看转述的第三版。

版本三

以公平为基础的感情是指情侣之间具有互惠关系，这是一段成功感情的必要组成部分。然而，只有在双方都期望自己的付出能够立即得到回报（即以交换为导向）的情况下，这个理论才成立。事实上，只有在伴侣均具有较强的互惠取向时，他们对婚姻的满意度才能反映出亲密关系中的公平意识。在恋爱关系中，并不是每个人都期望付出与收获对等。

你觉得版本三如何？是一个恰当的转述示例吗？如果使用上面介绍的方法进行检验，我想很少有人会认为版本三的转述不合规。然而，版本三中仍然存在着学术诚信问题——没有标注引文。版本三与原始文献的论点、论据和论证过程一样，那么它肯定用到了穆尔斯坦（Murstein）、赛利罗（Cerreto）和麦克·唐纳德（Mac Donald）于1977年提出的交换取向这一概念，也肯定使用了布克（Buunk）和范·伊佩伦（Van Yperen）在

1991的实验来说明交换取向对人际关系的影响。从版本三中我们可以学到，即使是优质的转述也要对他人的成果做引用标记。在你的学术生涯中，一个简单而保险的原则是：不确定，就标记引用。

版本四

乍一看，基于公平的爱情理论认为，情侣之间的互惠是一段关系成功的必要条件。然而，交换导向的概念（Murstein, Cerreto & Mac Donald，1977）规范了公平的重要性。一个在感情中期望对自己的付出收到即时回报的人会认为公平更重要。这个观点已经由佩恩（Penn，2018）等作者提出，此理论的证据来自布克和范伊佩伦（Buunk & Van Yperen，1991）的研究。该究表明，只有当处于一段感情中的个体具有很强的交换取向时，个体婚姻满意度才能反映出关系中的公平情况。在恋爱关系中，并不是每个人都期望付出和收获对等。

你觉得第四版如何？是一个合理的转述吗？这个版本引用了佩恩于2018年提出的论点，肯定了其他作者的成果，在原文的基础上进行了重大改写，因此这是一个很好的转述示例。

8.3 实践：避免非有意的剽窃

核心建议04：
糟糕的学习习惯会导致非有意剽窃

到目前为止，从学术诚信的角度来看，我们已经讨论了两种让个体在不经意间陷入学术诚信问题旋涡的情况，第一种是根本无视引用和参考文献的原则，第二种是不知如何恰当地转述。然而，在布瑞恩和马赛（Breen, Maassen, 2005）的一项研究中发现了第三种情况。他们对本科生进行采访以了解学生对剽窃的看法，他们发现，有时学生的学习方式会显著影响剽窃发生的概率。本节我们来讲讲那些会导致非有意剽窃的学习行为，以及如何纠正这些行为。

提前声明，我并不是为了要写出这本书才对学术诚信问题产生了兴趣。我在担任讲师期间做过督导，代表学校监督剽窃的初犯者。因此，在大约4年的时间里，我参加了数百场听证会，并在这些听证会上出示证据证明学生的文章与另一位作者的成果显著相似。不过这些学生并非有意剽窃，因此也就没有指控他们。这种听证会是一种学术干预的形式，向学生明确传递了大学的期望，并就他们未来的学术研究提供建议。参加这些会议的学生通常都会感到震惊和羞愧，他们中的许多人显然没有意识到，尽管他们努力在文章中保证学术诚信，但仍没有达到标准。在这些会议上，我听到学生最常说的一句话是"我是在截止时间前匆忙写的这篇文章"，或者类似的话。研究表明，拖延症会增加剽窃发生的概率。帕特泽克、赛特勒、范·维恩、格朗舒尔和福莱斯（Patrzek, Sattler, Van Veen, Grunschel, Fries, 2015）进行了一项小组研究，参与者是来自德国四所大学不同学科的学生。参与者需要通过网络调查，匿名完成一份拖延症的自我报告。6个月后，这些学生需要报告他们在过去6个月里犯下10种不同形式的学术不端行为的频率。结果显示，拖延症增加了各种学术不端行为（包括剽窃）的发生频率。同样，在科玛斯-福加斯和苏雷达-内格雷（Comas-Forgas and Sureda-Negre, 2010）的一项研究中，"最后1分钟做事"和"没有时间"是学生解释自己剽窃最常用的原因。拖延和由此导致的时间不足会影响为写论文做准备的文献阅读过程，从而影响剽窃的发生率。拖延症还会使你在写论文时走捷径，如在记录文献来源时不那么仔细。而且你投入写作的时间会被压缩，这导致你无法十分认真地做转述。最后，你彻底检查文章的时间也不够了，这很可能使你没空检查文献的来源。因此，保持文章符合学术诚信的第一步是减少拖延，我们在第2章中讲过如何做。刚刚我提到了一篇论文的出炉需要经过研究、写作和校对阶段，现在，让我们依次关注每一个阶段，看看哪些做法更容易导致非有意剽窃。我们先从研究过程开始看。

核心建议05：
不要依赖在百科网站上搜索学术话题

菲洛和马丁斯（Ferro，Martins，2016）发现，学生在写文章时做的第一件事通常是打开谷歌。互联网的力量确实强大，你可以从上面查到很多学术文献，帮助你做一些学术准备性工作。然而，你需要注意一些问题。例如，网络上学术资源的质量问题，还有一些学术诚信的问题。有文献机构表明，学生数字素养的提升在一定程度上并没有助其发展与学术诚信相关的知识和技能（Šprajc，Urh，Jerebic，Trivan，Jereb，2017）。现在，学生可以通过多种方式在线获取信息，这使得引用和写文献参考目录的过程变得复杂。与传统的纸质文献相比，在网上确定作者身份更加困难。例如，搜索一些与剽窃有关的关键词，出现的却是斯堪纳维亚半岛（Scandinavian，斯堪的纳维亚半岛，位于欧洲）的桥梁设计。每一次查东西，前五个链接中都会出现一个维基百科（Wikipedia）条目。作为一个在线百科全书，维基百科上的内容可以说是第三来源（tertiary source），它集合了一次文献和二次文献。这有点复杂，因为大多数引用和参考文献目录都只涵盖一次文献和二次文献，而维基百科可以被任何人编辑，这意味着这些信息可能在很长一段时间内未做更新，或者压根就是错的。所以，维基百科上的信息不可用来做学术研究，因为其信息来源广而杂，学生更难判断这些信息是否符合学术诚信的原则。研究表明，在线获取材料的便利性会造成一种错误的印象，即它们处于公共开放领域，因此不受引用和参考文献惯例的限制。例如，巴鲁逊-安碧波和亚利（Baruchson-Arbib, Yaari, 2004）在一场研究中，要求一组本科生和研究生先阅读一篇原始文本，之后阅读该文本的几个剽窃版本。这些剽窃版本要么是逐字抄写且不加引号做引用标注，要么是转述且不引用原文中包含的思想。研究人员告诉学生，其中两篇文章的原始文本来自他们读到过的纸质版本的资料，另外两篇文章则参考了网络资源。学生的任务是区分每个文本是否有剽窃嫌疑。结果发现，学生并不能完全辨别文本是否属于剽窃。此外，学生认为，基于印刷版源文献的剽窃版本比基于网络来源的剽窃版本更像剽窃的文章。巴鲁逊安碧波和亚利认为，可能是由于互联网获取信息的便利性、在线材料的作者身份的模糊性，以及学生不了解引用和参考文献的格式要求影响了这个研究结果。上述研究有着双重启示。首先，尽可能找到第一手资料（primary source），不要依赖在线百科；其次，必须尊重他人的学术成果。如果你不标记出引用和列出参考文献目录，你就不能使用这些文献。

核心建议06：
不要将文献中的内容直接复制、粘贴到你的文章中

想象一下这个场景：你从网上找到了一篇很好的摘录，你想把它用在自己的课程作业中，为了避免找不到这篇摘录，你快速地将它复制并粘贴到你的文本中，计划稍后用自己的话改写。但是，当你收集完材料后，你很有可能会忘记文本中的文字是复制、粘贴来的。你对这些文本来源的回忆不准确的现象，就被称为潜隐记忆（Cryptomnesia）。斯塔克和珀菲特（Stark&Perfect, 2006）在一项研究中很好地证明了这一

点。在研究中，参与者两人一组，分别说出 4 件物品（砖、鞋子、回形针和纽扣）的 4 种非常规用途。之后，实验者针对每件物品都提出 8 个建议，要求参与者认真听，避免重复。在一个 5 分钟的分心任务后，参与者被要求在 4 种不同条件中的某一个条件下回顾刚才的想法。第一种条件为想象性阐述，参与者需要对某一物品拟议用途打分，确定这一用途难以想象的程度。第二种条件为生成性阐述，参与者需要想出 3 种方法来改进一个物体的建议用途。在第三种条件下，参与者需要根据伙伴提出的物品用途的改进建议来进行想象难易程度评估。第四组是对照组，不要求他们做任何任务。一周后，参与者需要回忆他们最初对每件物品提出的用途，并给出 4 种改进用途的建议。研究人员希望他们的回忆中不包括他人的建议，但是，75% 的参与者接受了至少 1 个他人的想法，72% 的参与者采纳了两个或更多他人的想法。对结果的进一步分析发现，通过生成性阐述提出的观点被不经意剽窃的次数明显多于其他观点。结果表明，正是因为采纳了一个想法并思考了如何应用，才会更加认为该想法源于自己。

斯塔克和珀菲特的研究表明，把别人的文字复制并粘贴到自己的文章中存在巨大的非有意剽窃风险——误认为复制、粘贴的内容也是自己原创的。或许当你写作业的时候考虑如何将你那有剽窃嫌疑的文字与你头脑中的知识相吻合，以及如何用自己的语言进行表达，也不是一件坏事。正如之前提到过的，如果你想回忆材料，思考材料是一个很好的方法。但不幸的是，在没有明确标注材料来源的情况下，深入思考可能会导致你错误地将其视为自己的成果。当然，有两个简单的方案可以解决这个问题。第一个解决方案就是不要复制、粘贴任何东西，熟练地按下 "CTRL + C" 和 "CTRL + V" 键不但对你的记忆没有任何好处，还会使你无意中剽窃别人的成果。第二种解决方案是，在你开始用自己的语言写文章之前，先记录下引用的内容和参考目录，这可以让你避免遗漏了给他人的成果标注引用标志。

潜隐记忆很常见，人们倾向于认为，如果电脑上没有复制和粘贴的功能，就不太可能会出现这种情况。电脑的复制、粘贴功能与网络文献作者身份不明相结合，必然会给我们带来麻烦吗？巴克利和科瓦博（Buckley & Cowap, 2013）指出，大量文献指出，科技和互联网为剽窃行为提供了便利。这里的关键词是"便利"。这些问题的根本原因并非"技术"，而是由于技术的便利性导致的不良学习习惯。在学术写作的准备阶段，不良的学习习惯对学术诚信带来的影响往往备受关注。布瑞恩和马赛（Breen & Maassen, 2005）的研究发现，学生经常因为他们的文笔不如文献作者而感到沮丧。他们认为原文引用可以很好地解决这个问题。然而，这不是一个明智的做法。过度依赖于使用其他作者的文字（即使有适当的致谢），会剥夺你练习写作表达的机会，无法让你展示表达信息的能力。

学习技能与学术诚信之间存在相互关系，无效的学习通常会增加剽窃的发生。例如，逐字逐句抄笔记并不能帮助你理解所学内容，还会增加剽窃发生的概率。相反，如果你采取了有效的学习方法，便能在学术诚信方面获益。让我们用3R学习法和记笔记法的例子来快速说明这一点。明确地知道自己想从阅读中得到什么，是学术诚信的第一个保障，因为你会进行思考并且产生疑问，包括思考需要什么样的信息，以及如何组织材料。例如，你在写一篇命题文章时，把原始材料放在看不见的地方，试着回忆其关键内容，可以防止你依赖原文文字，因为你看不到它，也不会逐字逐句地记住它。因此，你必须基于自己当前的理解水平，用自己的语言重新构建你的文章。最后，建议你用原文来检验自己知识获取的准确性。如果你无法像原作者那样能言善语，那么只关注事实的正确性可以帮助你摆脱情绪低落。使用3R学习法时，你的背写构成了笔记的基础，一旦你将阅读、背诵和复习这个过程做到足够多的遍数，你就能保证事实的正确性，你的作文中任何粗糙的地方都能被打磨掉。万事开头难，我建议你将已经学会的知识进行总结概括，然后写出来。3R学习法的一个关键特征是，你可以先用自己的语言书写，然后对它进行润色，这完全避免了由于使用文献文字作为你的文章起始而引起的问题。从一开始就使用自己的文字，与将他人的文字转述成自己的文章之间有很大的区别，后一种方法虽是捷径，但也更容易导致剽窃。如果你想成为一名作家，你必须抓住每一个机会去练习用自己的语言写作。

核心建议07：
让原创性检查软件为你的学术道德助力

了解了什么是原意引用、原文引用和文献参考，以及如何正确进行学术写作后，基本上可以避免任何形式的非有意剽窃，但难免会发生一些小问题。例如，忘记用引号标记原文引用。因此，在校对你的文章时务必要谨慎。我在前面说过，仓促交作业会增加剽窃的概率。现在科技可以在这方面提供一些帮助，巴齐和斯高特（Badge & Scott，2009）发现英国教育机构普遍使用原创性检查软件，帮助学生减少非有意剽窃。它还有一个更重要的用途，作为教育工具（Graham-Matheson & Starr，2013），原创性检查软件可以将你提交的文本与数据库中的已有文本进行对比，你便可以知道提交的文本中自己的原创内容占多大比例。作为一个学者，原创性检查软件可以真正帮助你改善你的转述能力。还记得前面我提到的一个好方法吗？把自己文章中与他人重复的部分删掉，读一读剩下的内容是否成文。原创性检查软件可以轻松做到这一点。它会标出相似度高的内容，还能识别引文，这个功能可以确保你不会遗漏标注他人的理论及研究成果。但是，你需要注意，尽管这个软件很有用，但它并不能替代我在本书中倡导的良好学习方法，它也不是解决剽窃问题的灵丹妙药。

核心建议08:
不要完全依赖原创性检查软件,它不能取代学术判断

你可能听说过一些原创性检查软件,如Turnitin(由ROGEAM DIGITAL推出的一款数字图书馆平台建设产品),被称为剽窃检测软件。这个名字用词不当,而且非常具有误导性。像Turnitin这样的软件并不会查出你的文章是否涉嫌剽窃,它只是检查文章是否为非原创(non-originality)内容。这是一个重要区别,因为剽窃和非原创不是同义词。非原创内容可以是合法的,如对他人文献的适当引用虽不是原创,但却是合法的。换句话说,某篇文章仅仅因为被原创性检查软件标记了,并不能说明它涉嫌剽窃。想要确定是否剽窃,必须进一步检查被标记为重复的内容,并应用学术判断力来判定。

在使用原创性检查软件时,还必须用上自己的学术判断力。这种软件通常会给你一个百分比数字,表明文件中有多少比例的非原创性材料。看到这样的数字,人们会很容易误以为有一个临界值来区分一篇文章是否涉嫌剽窃。然而,事实并非如此,下面给大家举一个例子。假如现在你拿到了两篇文章的原创性检查结果,它们的非原创比例都是15%。当你认真对比后发现,一篇文章的这15%完全是因为参考文献部分的文字重复了,那么这篇文章的15%非原创性是可以被接受的。在你检查第二篇文章时发现,这篇文章的15%非原创性是因为一段文字与另一学者文章中的一段文字一模一样,那么这篇文章就有15%的内容存在剽窃问题。在这个例子中,软件检测的非原创性比例相同,但实际情况却不同,所以我们不能仅仅根据非原创的百分比来决定一篇文章的学术诚信属性。重要的不是有多少内容重复,而是重复的内容是什么性质。你可能会认为,15%的重复率不算什么,也不犯法。确实是这样,但再小心翼翼的剽窃,都无

法为学术界所接受。我们用下面这个场景举例说明。你从电器商店拿走一台笔记本电脑，却没有付钱，你礼貌地跟商店保安解释道："老兄，我又不是想拿走你的60英寸液晶电视！"你觉得商店会放过你吗？所以说，只要是剽窃，都不可被接受。

使用原创性检查软件的最后一个顾虑是，它只能检查一篇文章的措辞是否为原创，却没有办法检查文字所表达的思想的独创性。如果有人剽窃了他人的想法，并且转述得非常彻底，那么原创性检查软件也无用武之地。所以，有重复的文字不一定意味着存在剽窃现象，没有重复文字也不一定意味着不存在剽窃现象。当你想要保持自己的学术诚信时，原创性检查软件不是学术判断的替代品。

本章小结
创造自己的学术成就

让我们总结一下你应该从本章获得的关于学术诚信的核心建议和指导。

- 尽早了解学校、学术界关于学术诚信的政策，也要尽量避免出现本章提到的一些问题。
- 优先了解你的专业领域中使用的参考文献系统。你可能会发现你所在院系／学校有自己的引用标准和参考文献书写指南；如果没有，你可以在一些书籍中和网上找到相关资源，如《正确引用》(*Cite them right*，Pears & Shields，2016）这本书，书中包含了所有主流参考格式的指导。

- 尽可能使用第一手资料。不要依赖在线百科，如维基百科，因为这可能会给你带来作者身份不明等问题。记住：不要因为是网上的文章就以为可以随意使用，出现在网上的文字和想法也必须标注引文和列出参考文献目录。
- 不要将文献里的内容直接复制、粘贴到你的文章中。逐字逐句地获取信息是一种完全无效的学习策略，还会显著增加剽窃的风险。当你读到有用的文献时，先记录下它的来源，这样你就可以把任何想法都归功于正确的作者。
- 用自己的语言写下每一个理论和成果。当你写文章的时候，不要去找原始文献，也不要在抄袭文章的部分内容之后将其修改成你的文章。这两种方法都会增加你出现剽窃问题的概率。
- 给自己足够的时间检查自己的作品是否存在学术诚信问题。不要把检查引文和完成参考文献目录这类事情留到最后一分钟，这有助于避免学术诚信问题。
- 合理利用原创性检查软件。它可以帮助你避免无意的失误，并训练你的转述能力。记住，原创性检查得出的数据虽然有用，但不能代替学术判断来成为学术诚信的标准。

以上就是有关学术诚信和剽窃的重要事项。希望你现在能明白尊重其他学者的文字和观点的重要性，了解原意引用、原文引用和文献参考的作用。本章提倡的任何事情都并不烦琐或苛刻。通常，细小但正确的学习方法也是培养学术诚信的良好基础，走捷径的人往往会惹上麻烦。如果你采纳我在减少拖延、阅读和记笔记等方面提出的建议，你就能在学术诚信方面取得显著进步。最后,你还要做两件事。第一,尽快在学习中了解并使用具体引用和参考文献体系,一开始可能有点烦人,但经过练习,它很快就会成为一件自然而然且程序化的事情。第二,如果你的写作水平没有原始文献作者好,不要气馁,你的导师也不希望这样。如果你能写得非常棒,他们可能就要失业了。而且你欣赏的作品的作者并不总是那么文笔斐然,他们也是通过多年的努力和实践来提高写作能力的。最重要的是,他们选择创造自己的学术成就,而不是依附别人的成果。作为一名学者,你的目标是开拓自己的学术领域,一切都会水到渠成!